门神

【中国民俗文化丛书】

刘魁立 张旭 主编
杨卫华 程波涛 编著

中国社会出版社

图书在版编目（CIP）数据

门神/杨卫华，程波涛编著．—北京：中国社会出版社，2010.1

（中国民俗文化丛书/刘魁立，张旭主编）

ISBN 978-7-5087-3048-6

Ⅰ.①门…　Ⅱ.①杨…②程…　Ⅲ.①神—简介—中国　Ⅳ.①B933

中国版本图书馆 CIP 数据核字（2010）第 000411 号

丛 书 名：中国民俗文化丛书
丛书主编：刘魁立　张　旭
全案策划：李春园
书　　名：门　神
编　　著：杨卫华　程波涛
责任编辑：李春园
出版发行：中国社会出版社　邮政编码：100032
通联方法：北京市西城区二龙路甲 33 号新龙大厦
电　话：（010）66080300　（010）66083600
（010）66085300　（010）66063678
邮购部：（010）66060275　电　传：（010）66051713
编辑室：（010）66060097
网　　址：www. shcbs. com. cn
经　　销：各地新华书店
印刷装订：北京市优美印刷有限责任公司
开　　本：155mm×225mm　16 开
印　　张：11. 25
字　　数：100 千字
版　　次：2011 年 4 月第 3 版
印　　次：2011 年 4 月第 3 次印刷
定　　价：19. 00 元

序

中国民俗学会理事长　　刘魁立

人生活于文化之中，正像人离不开空气一样。《周易》说："观乎天文，以察时变；观乎人文，以化成天下。"无论汉语"文化"一词是否由此而来，这段话至少说明，我们的祖先向来对文化的重要性有十分清楚和极其深刻的理解。文化确乎是人之所以成为人、人类之所以成为人类的根本标志。人创造了文化，文化也创造了人，从这个意义上也可以说，人是文化的动物。

从文化本身来说，相当长一段历史时期的传统文化可以粗略地、也是相对地划分为两大分流，即所谓上层文化（或称高层文化、雅文化、精致文化……）和下层文化（或称基层文化、底层文化、低层文化、民间文化）。

民间文化是人民群众创造的最古老的文化，因为它的根源可以追溯到人类发展的初始阶段；民间文化同时也是最年轻的文化，因为它仍然活生生地存在于人民的日常生活和口碑之中。民间文化还是整个社会文化的基础，并且具有极强的生命力。上层文化往往是对民间文化选择、改造和精致化的结果。

民间文学、民间艺术是民间文化中最富色彩的一个组成部分。它在人类创造的一切艺术中，生命最活跃，涉及最广泛。它以古朴纯真的艺术手段，反映着人民群众的现实生活、理想和追求。它的无数珍品，是当之无愧的美的典范。没有了它，人类将失去多少童真的回忆；没有了它，人类的爱祖国、爱家乡将会缺少多少实际可感的具体内容；没有了它，人类的欢乐、悲伤也将变得干枯而平淡；没有了它，人类将会失掉多少生活的甘美和幽默……

万家社区图书室援建和万家社区读书活动，是建设社会主义文化和建设社会主义新农村的一项战略举措。我们，作为受到农民兄弟哺育和培养的知识界、文化界，有义务用学来的知识回报衣我食我的父老乡亲，这不仅是我们的社会责任，也是我们的荣耀。

中国民俗学会在这项重要活动中，承担有关中国民间传统文化的约50种图书的撰写工作，我们组织了学养很高的，包括大批教授、研究员在内的专家队伍，来完成此项写作任务。他们在相关领域里，学有所长，业有专攻，所有作者都以光荣志愿者的精神，以科学严谨的态度，用生动活泼的文字，把相关的准确而丰富的知识，呈献给农民兄弟和城镇社区的读者。完成这项具有重要意义的写作编书任务，是我们人生当中一件值得骄傲、值得自豪的事情。

中国民间文化是世世代代锤炼和传承的传统文化，其中凝聚着民族的性格、民族的精神、民族的真善美，是中华民族彼此认同的标志，是祖国同胞沟通情感的纽带。历史悠久、内涵丰富的传统文化也是我们中华民族对人类文化多样性发展的巨大贡献。急剧变化的时代在淘洗着传统的民间文化。在当今时代，我们尤其有必要对我们丰富淳厚、历史悠远的民俗传统立此存照，将其中的优秀部分及其真谛展示给广大民众，使他们对中华大地、对祖国同胞、对优秀的文化传统和淳厚的民俗民风怀有更深刻的眷恋、热爱和崇敬。继承和发扬中华民族创造的非常丰富而优秀的非物质文化遗产和民族精神，是我们的幸事，也是我们的历史责任。

我希望在大家的共同努力下，民间文化之花越开越鲜艳，为我们祖国、为我们中华民族赢得一个永恒的春天。

目录

第一章

门神的起源

“门”的建构与“门祭”

在中国传统文化中，门神是人们彩绘或雕刻铸造于建筑物“门”区的神灵。在人们的愿望中，门神既能保障居所安全，又能承载房屋主人辟邪迎祥的精神寄托。在远古时代，由于生产力的落后和人们对自然界认识的有限，那些来自大自然的威力，以及其他一些不可预测的灾祸，总是给人们带来心灵上的震慑，对不可把握的力量，人们只能乞助于超自然的力量，消灾祈福获得心灵的慰藉。正是出于外防和居住平安的考虑，人们才设置了门神，希望能起到祓除不祥、祈福护佑、迎新纳吉的作用。

门神 李跃中 摄

人们为什么会单就“门”而创设出一个神

灵来呢？主要是因为在建筑物中，“门”的设置，对人们生活的意义特别重大。《释名》曰：“门，扪也，在外为人所扪摸也。”老子在《道德经》中说：“凿户牖以为室，当其无，有室之用。”这里户指的就是房门，牖是窗。开凿和建造了门窗，人才能自由出入于室内外，它发挥着“交通”的实用功能。“门”作为建筑的一部分，可以把人们的居所同外界隔离开来，构成一个相对独立而安全的生活空间。

人们的居所中有了“门”，既避风雨，又防野兽，保障了基本的生存安全。从远古时代起，人们就对“门”产生了近于敬畏的神秘观念，这种神秘观念以后便逐渐演化为原始的门神崇拜。由于早期人类在充分占有和享受造物主丰富恩赐的同时，也面临着大自然各种各样的直接威胁，对于身边发生的各种自然现象，无法从现代科学意义上真正认清它们产生的根源，出于原始思维和主观的想象，便认为大自然的各种物体都是神秘的，有灵性的，于是就产生了“万物有灵”的原始崇拜。在人类社会的早期，这种现象是普遍存在的。德国人类学家利普斯认为：“原始人认为自己生活在一个万物有灵和到处都是鬼魂的世界中，暴露在大自然的直接威胁之下，对家的这种感觉较之对大自然已有充分认识的文明人更为强烈。”① 早期的人们把物灵和物一一对应。有雨就有雨神，有风就有风神。人们建筑了房屋，设置了门，实现外防内守，遮风挡雨，故而在人们的想象中，建筑物中的“门”也有“门神”，它能保护人们免遭自然及超自然力量的危害，躲避操纵这些自然现象的风神、雨神等各路神灵、各路鬼怪。于是，“门神”对应着“门”本身而被创造出来。

具有原始意识的人认为物的神灵和物本身一样实际存在着。贡布里希在《艺术的故事》中举了一个例子：一位欧洲艺术家在非洲给当地的牛画了一些像，当他带着这些牛的画像准备离开时，当地

---

① ［德］J. E. 利普斯：《事物的起源》，汪宁生译，1 页，成都，四川民族出版社，1982 年 7 月版。

的居民很难过地说："如果你把它们随身带走，我们靠什么过日子呢?"尚未脱离原始意识的当地居民认为，牛的魂灵就在牛的画像中，带走了牛的画像就是带走了牛。门神崇拜追根溯源，无疑也应当是在原始崇拜时期逐渐创立起来，它的出现必然是在房屋建筑中对于"门"的设置和建构完善以后。

要找寻"门"的设置源头，需要了解古代先民的居住状况。原始人群是居住在山洞里面的，就像距今77万年前的北京猿人，在北京周口店龙骨山的山洞中居住，山洞是天然形成的，无所谓"建筑"，自然也谈不上真正意义上的"门"了。

先民最早的建筑有两种，一是"穴居"、"营窟"，一是"巢居"。儒学经典《礼记·礼运》中说："昔者先王未有宫室，冬则居营窟，夏则居橧巢。"考古发掘发现了一些早期形态的建筑物。距今五六千年前的新石器时代后期，在陕西西安附近的半坡村发现了半坡村遗址，当时生活在这里的氏族部落，用木架和草泥建造了简单的半穴居或地面建筑，可以看出住居遗址中有"门"的设计。和半坡所见情况一样，陕西临潼姜寨遗址也发现了木骨泥墙房屋的实例，姜寨有五座"大房子"共同面向一个广场，每座"大房子"周围环绕着若干或圆或方的小房子。从半坡和姜寨遗址的情况看，那时的地面建筑物已经有"门"，至于"门"的形式、形态则已经无从考据。

那么，巢居的情况如何呢?《韩非子·五蠹》中说："上古之世，人民少而禽兽众，人民不胜禽兽虫蛇，有圣人作构木为巢以避群害，而民悦之，使王天下，号曰有巢氏。"一般认为，最初的巢居是利用大树的枝干架设于树上的，最后演变成有人工木桩支撑的"干阑式"建筑。"干阑式"建筑的实例像浙江余姚河姆渡村发现的建筑遗址，距今约六七千年，已有精确的榫卯技术。以它的工艺水平来看，巢居建筑应当也有"门"的设置，只不过年代久远，实物形态的门无法保存至今。

古书上说："舜作室，筑墙茨屋，辟地树谷，令民皆知去岩穴，各有家室。"① 基本可以肯定的是，到新石器时代，人们普遍脱离了穴居状态，已经在居所建筑物上制作了最早的"门"。

建筑中有了"门"的设置以后，开始对门祭祀求安。门祭的崇信起源至少可以追溯到殷商时代。唐代史学家杜佑的《通典》列出殷商时期的祭祀制度："殷制：天子祭五祀。户一，灶二，中霤三，门四，行五祀。岁（一）遍。诸侯大夫与天子同。"周代的祭祀制度沿袭了商代并作了修订，形成了较完整的体系，为后来各朝代所承袭。关于"门祭"的正式记录见于《礼记》，周代祭祀门户还限于士大夫以上的高贵阶层。据《礼记·祭法》记载：

王为群姓立七祀：曰司命，曰中霤，曰国门，曰国行，曰泰厉，曰户，曰灶。

王自为立七祀。

诸侯为国立五祀：曰司命，曰中霤，曰国门，曰国行，曰公厉。诸侯自为立五祀。

大夫立三祀：曰族厉，曰门，曰行。

适士立二祀：曰门，曰行。

庶士庶人立一祀：或立户，或立灶。

《礼记·月令》又可见关于祭祀时令与物品的规定：

（孟春之月）其祀户，祭先脾。

（仲春之月）其祀户，祭先脾。

（季春之月）其祀户，祭先脾。

（孟夏之月）其祀灶，祭先肺。

（仲夏之月）其祀灶，祭先肺。

（季夏之月）其祀灶，祭先肺。

（中央）其祀中霤，祭先心。

---

① 《淮南子·修务训》。

(孟秋之月）其祀门，祭先肝。

(仲秋之月）其祀门，祭先肝。

(季秋之月）其祀门，祭先肝。

(孟冬之月）其祀行，祭先肾。

(仲冬之月）其祀行，祭先肾。

(季冬之月）其祀行，祭先肾。

上古已将门祀列入“五祀”之中，因其《礼记·月令》“仲秋之月其祀门”注云：“秋，阴气出，祀之于门，外阴也。”其疏曰：“门在外，故云外阴也。则门神阴气之神。”陶思炎先生认为：“门神既为‘阴气之神’，而鬼又为‘阴气贼害’，故门神在风俗中的主要功能便是驱鬼。”①

郑玄注《月令》，记述了“祀户之礼”与“祀门之礼”的具体仪程：

祀户之礼：南面设主于户内之西，乃制脾及肾为俎，奠于主北，又设盛于俎西，祭黍稷，祭肉，祭醴，皆三祭，肉、脾一，肾再。既祭，彻之，更陈鼎俎，设馔于筵前迎尸，略如祭宗庙之仪。

祀门之礼：北面设主于户左枢，乃制肝及肺、心为俎，奠于主南，又设盛于俎东，其他皆如祭灶之礼。

汉代学者班固在《白虎通德论·五祀》中对于祭祀制度中的“五祀”作了如下说明：“五祀者何谓也？谓门、户、井、灶、中霤也。所以祭何？人之所处出入、所饮食，故为神而祭之。”“祭五祀所以岁一遍何？顺五行也。故春即祭户。户者人所出入，亦春万物始触户而出也。夏祭灶……秋祭门。门以闭藏自固也。秋亦万物成熟，内备自守也。”祭祀门户是顺五行，每年祭一遍。五祀的祭品为：“天子、诸侯以牛，卿大夫以羊，因四时牲也。一说户以羊，灶以雉，中霤以豚，门以犬，井以豕。或曰中霤用牛，余不得用豚，

① 陶思炎：《风俗探幽》，11页，南京，东南大学出版社1995年4月版。

井以鱼。"

近代民间礼俗中还片断保留着古"五祀"礼俗的遗存。只是随着世事变迁，风俗移易，祭祀礼仪的具体内容有所衍化和变易。清道光七年《夔州府志》说："古有五祀，门、行、户、灶、中霤也。今俗于二十三日送灶，三十日接灶，祭灶也。天明时，以香烛出门外，向喜神方祭之，谓之'出行'，祭行也。除夕，各门各户皆贴纸钱，初三日祭而烧之，祭门、祭户也。惟中霤今无。然瓴椭间有明窗者，亦皆贴纸，与门户同是，亦祭中霤之意也。"从"五祀"礼俗的渊源久远，可以看出"门户"之祀关系着人们的切身生活，具有重要的地位。

"门神"形象的创造

从文献来看，上古时期祭祀门户，只是望门礼拜，祭祀的是一种抽象的"神"。具体"门神"形象的创立，经历了由动物自然崇拜、神格化身崇拜、人格化身崇拜三个阶段。在动物自然崇拜阶段的门神形象，最普遍的是虎和鸡。

一、虎门神

在古人的观念中，虎是威猛的神兽。因此，最早在门上绘制的门神画是虎的形象，画于周天子理政的门上。

《当朝一品》 （清） 山东潍县

传为周公旦所著的《周礼·地官·师氏》载，师氏"居虎门之左，司王朝"。注云："虎门，路寝门也。王日视于路寝，门外画虎焉，以明勇猛于守，宜也。"路寝即周天子每日办公理政的地方，在这显要的门上画虎，以示守卫，除了体现天子庄严，威慑庶民百姓外，尚存有画虎以防虫兽侵害的原始俗信之创意。周朝门上画虎“以明勇猛于守”的制度，延续到汉代从未间断。[1] 应劭《风俗通义》说：“虎者，阳物，百兽之长也，能执搏挫锐，噬食鬼魅。今人卒得恶遇，

汉画像石《虎头铺首衔环》河南密县

汉画像石《白虎铺首衔环》

烧虎皮饮之，系其爪，亦能辟恶，此其验也。”《乱龙篇》也载：“上古之人，有神荼、郁垒者，昆弟二人，性能执鬼，居东海度朔山上，立桃树下，简阅百鬼。鬼无道理，妄为人祸，神荼与郁垒以卢索，执以食虎。”在民间传说中，猛虎能食恶鬼，于是多作为门户之守。《后汉书·礼仪志》中也说：“画虎于内，当食鬼也。”传说虎的两肋皮内及尾部有“威骨”，长寸余，年深曲成“乙”字，因而

① 王树村：《中国民间门神艺术史话》，2页，北京，百花文艺出版社，2008。

叫做“虎乙”。如果将这“虎乙”佩在身上，“如虎挟乙”，可以辟邪。画像石中所表现的白虎，大都是辟除邪恶的祥瑞。1977年河南方城县城东关汉墓出土的墓门上，刻有虎门神的形象。墓北门门扉上刻朱雀，下刻白虎，中间为门扉铺首。人们贴虎于门户之上，显然是希望借助虎的威力，达到驱邪辟鬼的目的。

二、鸡门神

除虎以外，古代还有用鸡做门户护卫的习俗。

《青史子》书说：“鸡者，东方之牲也，岁终更始，辨秩东作，万物触户而出，故以鸡祀祭也。”将鸡归为“东方之牲”，也同雄鸡司晨相关。《玄中记》中也有关于天鸡的神话：“东南有桃都山，上有大树，名曰桃都，枝相去三千里。上有一天鸡，日初出，光照此木，天鸡则鸣，群鸡皆随之鸣。”因为鬼魅昼伏夜出，害怕太阳，害怕光明，是阴邪之物。而鸡啼黎明，古人便认为它是同东升的旭日相关联的动物，因而视它为太阳鸟，为阳精之禽。

《单鸡》　（清）　陕西凤翔

鸡能辟鬼之说，不仅多见于民间讲传和民俗应用中，而且，相关的文献资料也很多。如《太平御览》引《春秋说解辞》：“鸡为积阳，南方之象，火阳精物，炎上。故阳出鸡鸣，以类感也。”所以，古人在新年“磔鸡祭门户，以辟邪鬼”。晋人崔豹《古今注》云：“鸡，一名逐夜。”意为鸡与太阳相类感，鸡鸣则天明。可见，古人认为鸡有驱除阴气的功能。梁代宗懔的《荆楚岁时记》记载：“（正月一日）贴画鸡户上，悬苇索于其上，插桃符其旁，百鬼畏之。”明代顾起元在《客座赘语》中谈到南京风俗时写道：“岁除岁旦，秣陵人家门上插柏枝、芝麻秸、冬青叶，大门换新桃符，贵家房门左右贴画雄鸡。”

门画《鸡王镇宅图》
（清）　江苏苏州

鸡在中国传统社会中，还被人作为具有“五德”的祥禽看待。可见，鸡作为门神，在民间年节风俗中，被人们赋予了辟鬼除阴、迎年纳吉等文化功用。河南开封、苏州桃花坞等地的早期门画中，尚有这一形式的画样传世。据陶思炎教授考证：“画鸡在陕西凤翔至今犹用，苇索已悄然遁去，桃符为门神、春联所代替。”[①] 直到现在，云南一些地方的少数民族还有鸡崇拜习俗。

三、狮子门神

狮子是汉帝国与西域道路开通以后，引入中国的珍稀动物。《汉书·西域传赞》中说在汉武帝时“巨象、狮子、猛犬、大雀之群，食于外囿。殊方异物，四面而至”。《后汉书·和帝记》中也有“安息国遣使献狮

守门石狮　杨卫华 摄

① 陶思炎：《问俗东瀛》，122 页，桂林，广西人民出版社，2006 年 4 月版。

子”的记载。

狮子何时在中国成为看守门户的辟邪纳祥物有待考证，但是其源头还是要从佛教找寻。狮子作为护门神兽出现，其典源于佛教。佛教中狮座是佛的坐处，佛经中说：“佛为人中狮子，佛所坐处若床，若地，皆名狮子座。”后来佛座前的狮子已具有护法神兽的含义，这样一来，门前的石狮自然就具有驱邪镇妖的寓意了。

因此，石狮作为一种建筑的装饰和驱邪镇妖的祥兽，开始坐落于宫殿、庙观、衙署以及达官贵人的住宅门口，并且逐步向寻常百姓家流传。①

太和门前的铜狮
《中国美术全集·建筑艺术编》

一般来说，看门石狮的摆放，都是一雄一雌，成双成对的，一般都是左雄右雌，雄狮右前爪玩弄绣球或者两前爪之间放一个绣球，雌狮则雕成左前爪抚摸幼狮或者两前爪之间卧一幼狮。在古老的庙前正门两侧，有时看到两个石狮，一个张口呐喊，一个闭口不语。雄狮张口注视来往信众；雌狮闭口护子，表现传统社会男尊女卑、各司其职的特性。还有一种说法是它们在念佛号，一个念“阿”，一个念“弥”。现代银行大门外的两只狮子嘴巴一张一闭，张是招财，闭是守财，表钱财只吃不吐的意思。

狮头毛发卷为疙瘩形状，称为“螺髻”。“螺髻”的数量据说大有讲究，在古代是不可以随意雕凿的。一品官员府第门前的石狮头上可以有十三个疙瘩，称为“十三太保”。一品之下，每低一级，狮

① 刘枫：《门当户对》，157 页，沈阳，辽宁人民出版社，2006。

头疙瘩要减少一个。七品以下，门前摆石狮即为僭越了。而狮座也是有等级区分的，雕有行龙、缠枝莲、龟背锦、如意祥云等精美图案的狮座属于皇家专用，至于王府、官衙、宅邸门前的对狮与狮座的雕饰规格都有严格的等级规定。

狮子门神年画可见于诸多年画产地，如武强、桃花坞、雒县等年画产地，都有狮子年画。

四、其他动物门神

除了鸡虎狮等动物门神，还有很多动物可以用来作为门神，如麒麟、貔貅、鱼、猫、狗、熊等。

1. 麒麟

麒麟是古代人们想象出的一种瑞兽，《宋书·符瑞志》说，麒麟的形状是“麇（即獐）身而牛尾，狼项而一角，黄色而马足”。该书还对它的品行进行了称赞，说它“含仁而戴义，音中钟吕，步中规矩，不践生足，不折生草，不食不义，不饮污池，不入坑阱，不行罗纲”。“牡鸣曰逝圣，牝鸣曰归和，春鸣曰扶幼，夏鸣曰养绥”。麒麟在什么样的情况下才会出现呢？《艺文类聚》卷98引《孝经援神契》中说：“德至鸟兽，则麒麟臻。”意思是说，麒麟为帝王仁德才出现的瑞祥之物。麒麟年画多见于平阳、杨家埠、高密等年画产地。

2. 貔貅

貔貅与麒麟有所不同，貔貅是凶狠的瑞兽，有镇宅辟邪的作用，是龙的九子之一，民间传说能使好人家一夜致富，是招财驱凶的瑞兽。貔貅又名辟邪兽。而这种猛兽分有雌性及雄性，雄性名为“貔”，雌性名为“貅”，但现在流传下来的都没有分雌雄。在古时，这种瑞兽是分为一角或两角的，一角称为“天禄”，两角称为“辟邪”；后来再没有分一角或两角，多以一角造型为主。在南方，一般人喜欢称这种瑞兽为“貔貅”，而在北方依然称为“辟邪”。辟邪似狮似虎，昂首、挺胸、曲腰、大口，神态凶猛，是中国传统文化中的吉祥兽。神兽可化煞避邪，能为屋主添福禄、保平安。

3. 狗

应劭在《风俗通义·祀典》中总结“杀狗磔于四门”风习时写道：“俗说狗别宾主，善守御，故著四门，以辟盗贼。”此风俗始于秦德公“杀狗磔邑四门，以御蛊菑”。后来，演变为“杀白犬以血题门户”来辟除不祥。现在一些农村地区仍把狗血、犬牙作为辟邪之物，不少地方当婴幼儿外出时，大人们常在孩子的手腕上用红线系一个黑狗的牙齿，其目的显然不是为了装饰，而是出于它有辟邪的民俗功用。

4. 熊

在汉代的造型艺术中，熊的形象很多，作为凶猛的动物，熊常用来比喻勇武和力量。汉代门户画像多刻画张牙立舞之熊，可能也与“大傩”仪式中方相氏“蒙熊皮”逐疫出门的礼俗有关。傩是源于原始社会的驱逐疫鬼的仪式，甲骨文中即有室内驱赶疫鬼的卜辞。《论语·乡党》已有“乡人傩”的记载。到了汉代，宫廷每年举行“大傩”仪式，除了戴面具模仿十二种神兽、舞蹈驱除鬼魅外，还有手执鼗鼓的侲子合唱礼神的歌曲。《后汉书·礼仪志》中说，大傩逐疫仪礼的主要内容，即有方相氏“蒙熊皮”，“执戈扬盾”，与十二兽“逐恶鬼于禁中”。《周礼·夏官》：“方相氏掌蒙熊皮，黄金四目，玄衣朱裳，执戈扬盾，帅百隶而时难（傩），以索室驱疫。大丧，先柩；及墓，入圹，

《熊形辟邪神》 上海

汉画像石 《熊神戏虎图》

汉画像石
《应龙铺首立熊》

以戈击四隅，驱方良。”（郑玄注：“蒙，冒也。冒熊皮者以惊驱疫疠之鬼，如今魌头也。时难（傩），四时作方相氏，以难（傩）却凶恶也。”）汉画像石就有《熊人引虎吃旱魃》、《熊神戏虎》、《应龙铺首熊》、《熊形辟邪神》、《一熊伏二犀》等。可见，熊在汉代很受人欢迎。山东微山县两城镇出土的画像石中门上刻有熊的形象，用来守门。

5. 象门神

《宋书·符瑞志》曰：“白象者，人君自养有节则至。”大象为佛祖乘骑，故有“祥瑞征象”之喻，寓意着多福多贵、吉祥（谐音“象”）如意。把象作为门神，显然与佛教文化的渗透有关系。直到现代，象门神依然为不少商家所供奉。

6. “四神”

“四神”，包括青龙、白虎、朱雀、玄武四种动物。在汉画像石和画像砖上，表现四神的形象很多，其中最常见的是青龙和白虎并列，或青龙和朱雀并列。青龙和白虎被分别刻在墓门上，可能还起了守护神的作用。

守门石象　杨卫华 摄

南京德基大厦门前的石象　杨卫华 摄

汉画像石门画

7. 鱼门神

在出土的汉画石上，很多门的铺首都画有鱼饰。唐代木门的门钥也多刻为门形，类似的鱼门饰也有不少。以鱼为守门的镇物，在汉唐以来是很普遍的。丁用晦在《芒田录》中说："门钥必以鱼形者，取其不瞑目守夜之意。"看来，在古人的眼中，鱼门神除了有辟邪消灾之外，还有不懈怠地监察鬼魅、除祟辟阴的民俗功用。鱼门神多见于杨柳青、绵竹、潍县等年画产地。

8. 猫门神

猫作为门神多见于我国长江流域，主要是出于防鼠的需要。猫门神尤其受到养蚕人家的喜爱。正是出于猫门神"镇宅"、"逼鼠"功能的考虑，这类门神也有一定的市场。猫门神画多见于四川绵竹、苏州桃花坞、浙江余杭等年画产地。

门神神格化身崇拜始于汉代，最初的门神是两个"桃人"——用桃木雕成神像，悬于门上。他们是两位神将的化身：神荼和郁垒。传说他二人是奉皇帝之命把守"鬼门"的，发现害人的恶鬼，马上捆起来扔到山后去喂老虎，于是鬼怪望风披靡。人们用桃木雕成二神模样，春节时挂于门上，使恶鬼不得擅入，保护阖家一年平安。

记载此风习的最早典籍为《山海经》：“沧海之中，有度朔之山，上有大桃木，其屈蟠三千里，其枝间东北曰鬼门，万鬼所出入也。上有二神人，一曰神荼，二曰郁垒，主阅领万鬼，害恶之鬼，执以苇索而以食虎。于是黄帝乃作礼，以时驱之，立大桃人，门户画神荼、郁垒与虎，悬苇索，以御凶魅。”

此猫如神

据南朝梁代宗懔的《荆楚岁时记》记载，魏晋之后，人们便于除夕做桃木人以当神荼、郁垒二神，还有的以两块桃木块立于门侧，意在压邪祛魔。再以后便在桃木上分别写上二神的名字，或画上二神的形象，这就是最初的桃符。

《战国策·齐策》写到削刻桃梗、饰为门神的风俗：

孟尝君将入秦，止者千数而弗听。苏代欲止之。孟尝君曰：“人事者，吾已尽知之矣；吾所未闻者，独鬼事耳。”苏代曰：“臣之来也，固不敢言人事也，固且以鬼事见君。”孟尝君见之。谓孟尝君曰：“今臣来，过于淄上，有土偶人与桃梗相与语。桃梗谓土偶人曰：‘子，西岸之土也，挻子以为人，至岁八月，降雨下，淄水至，则汝残矣。’土偶曰：‘不然。吾西岸之土也，土则复西岸耳。今子，东国之桃梗也，刻削子以为人，降雨下，淄水至，流子而

《镇虎图》（清中叶） 福建泉州

去，则子漂漂者将如何耳？’今秦四塞之国，譬如虎口，而君入之，则臣不知君所出矣。”孟尝君乃止。

这个寓言故事，讲的是土捏的泥人与桃木削的木人之间的对话。将桃木削为人叫桃梗，它来自“鬼门”前的大桃木，专能治鬼。从《战国策》这段文字可以看出，战国时代已有削刻桃梗，饰为门神的风俗。

《镇宅钟馗》（清中叶） 河南开封

唐玄宗开元年间，又创造了新的辟鬼门神——钟馗。沈括《梦溪笔谈》谈到：唐明皇患疟疾，梦中产生大鬼捉小鬼的幻觉，诏吴道子依梦画图。吴道子创作了“钟馗”的形象，钟馗又成为辟邪御鬼的门神，由宫中传入民间。

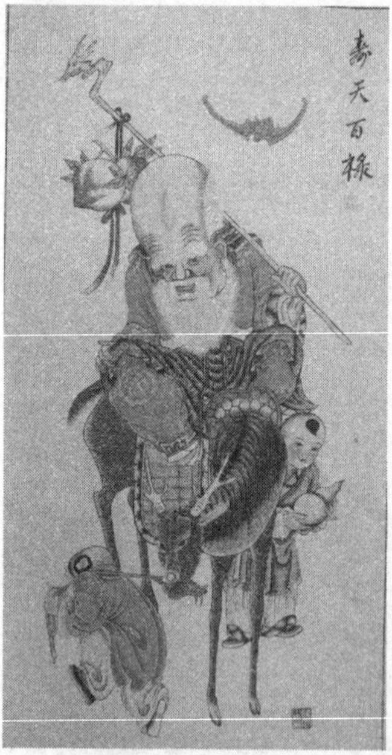

年画 《寿天百禄》
四川绵竹 杨卫华 摄

最早以人间武将为题材的门神——将门神的人格化产生于西汉时代。当时一位王公患病，想快些痊愈，命人在殿门上画了一位勇士像，名叫成庆。意在借武士的威风驱走病魔。据班固的《汉书·景十三王传》所记：“广川惠王越，殿门有成庆画，短衣大挎长剑。”颜师古注：“成庆，古勇士也。”

流传最广、最被人们信赖的武将门神是唐代最著名的武将秦琼、尉迟恭。秦琼、尉迟恭为唐初著名武将，帮助李渊、李世民父子打下了李唐天下，是唐朝开国元勋。他们是忠臣良将的化身，是门神的人格化体现，使得百姓感觉更加亲切可靠。以历史上的将军武士作为门神，似较想象中的神灵更可信，于是神荼、郁垒——神话传说中的门神，便退色了。继而发展到以民族英雄、忠臣良将来护卫国门、家门。宋代以后，门神画中的形象由古代将军勇士逐渐被民族英雄所代替。如《西汉演义》中的萧何、韩信，《东汉演义》中追随刘秀的猛将——马武、铫期。《说唐演义》中的裴元庆、李元霸均为勇武好汉。宋朝名臣包公和寇准，清正廉明，为民除害，也是一对著名的门神。《杨家将演义》中孟良和焦赞则是忠义杨家将故事中的人物，成为一对门神。武门神除了上述的几位，还有赵云、马超、薛仁贵、盖苏文，孙膑、庞涓、黄三太、杨香武、燃灯道人、赵公明，乃至哼哈二将等。有些还画有战斗故事。

门神《文武状元》　（清）　山东潍县

随着时代的发展，驱鬼镇妖的武将门神已不能满足人们的多种要求，于是又出现了文官门神和祈福门神。寄托人们祈望的文门神多穿一品朝服，或抱象牙笏板，或持吉祥器物。这些吉祥物多为爵、鹿、蝠、喜、马、宝、瓶、鞍等，它们代表官位、荣禄、福气、平安等愿望。文官门神以赐福天官居多，大都贴于院内堂屋门上，并含有迎福进财之意。祈福门神上常常添画一些吉祥物，取其吉利，多用谐音，以借双关之意。如爵、鹿、蝠、喜、马、宝、瓶、鞍等，寓“爵禄福禧，马报平安”。

门神还有一定的地域性。明清时期，几乎各地民间都有自己的门神。

福建、台湾一带主要以关云长为门神。

《执斧门神》 杨卫华 摄

苏州一带供奉的是赵公明和燃灯道人。

陕西人供奉孙膑和庞涓，以及小说中的金镖黄三太和盗九龙杯的杨香武。

汉中一带张贴的多是孟良、焦赞——杨家将中的这两条好汉。

河北冀中一带贴上薛仁贵和盖苏文来保卫家门，也有贴西羌猛将马超、马岱兄弟二人的。

《关圣帝君像》（清） 康熙时期

河南人所供奉的门神主要为三国时期蜀国的赵云和马超。

在北京的住宅里，还有一种专贴在后门的门神，多为捉鬼神钟馗和大唐丞相魏徵。

旧时北京民宅贴的门神，还有燃灯道人、赵公明，东汉的铫期、马武，抗金英雄岳飞、韩世忠。此外，在京北密云一带供奉的门神是杨宗保和穆桂英。早期的门神的民俗功能主要是防鬼镇宅，后来其功能有所演化。

第二章

门神的演变历程

先秦门神

王充《论衡·订鬼篇》有引用《山海经》文字："沧海之中，有度朔之山，上有大桃木，其屈蟠三千里，其枝间东北曰鬼门，万鬼所出入也。上有二神人，一曰神荼，二曰郁垒，主阅领万鬼，害恶之鬼，执以苇索，而以食虎。"可见，在上古神话中便有用桃木、神荼、郁垒以镇鬼的风俗，神荼、郁垒也成了我国最早的一对门神。

根据史籍记载，原始社会末期到奴隶社会初期，宫室建筑是比较简陋的，到了商纣王时，大兴土木，广建宫室囿苑，"南据朝歌，北据邯郸及沙丘，皆为离宫别馆"。《史记》记载，周成王时，周公"复营洛邑，如武王之意"，有了最早的城市规划。到了春秋时代，各诸侯国大建宫室、宗庙建筑，园囿建筑也都广为兴建。至战国时代，七雄并立，"高台榭，美宫室"之风益加盛行，建筑更为奢华。

从这一时期宫室图中可以见到，当时的屋分两间，每间各有一门，门扉双扇。在门上可能设计有"铺首"。据古籍记载，周代有一位名叫鲁班的工匠，为了护门，模拟螺蛳形象制作出门锁和门环，

汉画像石　门神《神荼》　汉画像石　门神《郁垒》

意思是说随你怎么扣门，螺蛳不想开，谁也进不来。也许因为螺蛳过于纤小，后人遂改用猛兽的形象装在门上，寓意具有强大的震慑能力，人们管它叫“铺首”。铺首又名“铜蠡”，俗称“门铺”。《风俗通义》谓：“公输般见水中蠡，引闭其户，终不可开，遂象之立于门户。”故名。铺首形式很多，大抵都以铜制成深浅浮雕形。铺首的造型，有玄武（龟蛇之形）、朱雀、双凤、羊头等形状；也有以威猛的形象，如虎、狮、螭、饕餮等兽头制作铺首，怒目而视，衔环于门，取其威慑之力，用以辟邪。

我国出土最早的近似于“铺首”的实物可追溯到殷商时期的古遗存。

河南安阳殷墟遗址曾经出土犀牛头骨，丁山先生推测是宫门装饰物，其作用在于辟除不祥：“《北史·流求国传》言：‘流求国人家门户上，必安置兽头角’，给我们一个暗示了。我认为小屯出土的犀牛头骨或者是安在宫门之上，用以辟除不祥的。用犀牛头骨装饰宫门，就是‘神荼、郁垒’的滥觞，也就是后世宫门必装设‘兽环’的最古蓝本。”①

午门门上的铺首和门钉
《中国美术全集·建筑艺术编》

与所谓后世门上装设“兽环”直接有关的文物遗存，有陕西城固出土殷商铜器中所发现的20余件“铺首”。城固苏村遗址1964年出土铜铺首14件，1976年又出土铜铺首11件。从事清理工作的考古学者指出，这些铜铺首“形制皆同，大小相近，只纹饰略有差异。标本76∶16∶3，76∶16∶4，形似牛首面，中部有直棱，侧视呈‘V’形。两角粗大，大眼突起，形象凶恶。双耳各有一突，似耳，有孔；嘴角两侧外突，有孔，可能用于穿系或钉钉子用。通高15厘米~18厘米，角间宽17.9厘米~19厘米，

门神剪纸　曹殿祥 创作

① 丁山：《商周史料考证》，龙门联合书局1961年版，第117页。

下宽 14 厘米 ~ 16 厘米。”据分析，这批铜器的年代，相当于殷代晚期武丁时期。[①]

1978 年，湖北随县战国曾侯乙墓出土的墓室门板两侧，绘有执戈的守卫神形象。

秦汉门神

一、秦宫的铜人与铺首

秦代，中国建筑技术已经达到了很高的水平，《史记 · 秦始皇本纪》记载，秦始皇统一天下，大兴土木，“秦每破诸侯，写放其宫室，作之咸阳北阪上，南临渭，自雍门以东至泾、渭，殿屋复道周阁相属。所得诸侯美人钟鼓，以充入之。”又筑阿房宫，其规模空前。《秦始皇本纪》记载：“乃营作朝宫渭南上林苑中。先作前殿阿房，东西五百步，南北五十丈，上可以坐万人，下可以建五丈旗。周驰为阁道，自殿下直抵南山。表南山之巅以为阙。为复道，自阿房渡渭，属之咸阳，以象天极阁道绝汉抵营室也。”又建造信宫、甘泉前殿等等，“咸阳之旁二百里内，宫观二百七十，复道甬道相连，帷帐钟鼓美人充之，各案署不移徙。”

秦咸阳宫出土文物中，已有青铜铺首，多作兽头衔一铜环形式，钉在门的中缝两边门扇上。造型为虎头变形，双目圆睁，铸纹流畅，是精品。

秦始皇统一天下后，为巩固自己的统治，防止反秦力量再起，曾收天下兵器，聚之咸阳。销毁后铸成十二铜人，各重二十四万斤，置于秦宫门前。《汉书 · 五行志》记载：“二十六年，有大人长五丈，足履六尺，皆夷狄服，凡十二人，见之临洮，故销兵器，铸而

① 唐金裕等:《陕西省城固县出土殷商铜器整理简报》，《考古》1980 年第 3 期。

象之。”从秦宫门前立铜人的故事得悉，其时已有以兵器铸神人守卫宫门的雕铸门神了。

二、汉代铺首与阙门石壁浮雕

1. 汉代铺首

汉初民众刚脱离战争，刘邦听取了大臣的建议，采取休养生息的政策，建筑宫室的热情不是很高，但即使这样，也建有长乐宫、未央宫等，未央宫尤其雄伟。汉代的宫殿建筑壮丽，目的是为显示皇威，所以在建筑宫阙、楼观、门扉、殿台时，皆雕绘以饰物，并以苍龙、白虎、朱雀、玄武“天之四灵”以正四方。而未央宫周围二十八里，在长安城内之西南部。殿角台池堂室门阙之名可考者八十余处，仅就前殿来讲，其东西五十丈，深十五丈，高三十五丈，“以木兰为棼橑，文杏为梁柱；金铺玉户，华榱壁趟；雕楹玉碣，重轩镂槛；青琐丹墀，左墄右平，黄金为壁带，间以和氏珍玉。”“重轩三阶，闺房周通，门闼洞开，列钟簴于中庭，立金人于端闱。”可以肯定当时宫殿建筑门上装饰有铺首。司马相如《长门赋》中描绘铺首云：“挤玉户以撼金铺兮，声噌吰而似钟音。”傅毅《舞赋》：“黼帐祛而结组兮，铺首炳以焜煌。”也是对“铺首衔环”的描写。

汉画像石门画

根据现在发掘出的东汉画像石上有一些建筑物的刻画，可以看到当时门上的铺首形象多是青龙、白虎、朱雀、双鱼等形状。

2. 门阙浮雕门神

阙，是中国古代很独特的一种建筑形式。属于“宫门”的形制，即建在宫门或陵墓等建筑群前的左右对称的建筑物，两阙间中央无门扇，空缺的地段为通向阙后建筑物的道路。在汉代门阙上雕刻有许多祥禽、瑞兽、勇士等守卫门神。

汉画像石门画
《挥斧武士》河南南阳

汉代的门阙可以分为两类。一类是人使用的城阙和宫室阙，如西汉长安城未央宫前的东阙、北阙，张衡在《东京赋》中提到的洛阳“建象魏之两观，旌六典之旧章”。另一类是设置在祠庙、陵墓前的石阙，根据王子云先生在《中国雕塑艺术史》一书中的统计，现已知有三十五处：

平阳府君墓阙（四川绵阳）

童恢墓阙（四川绵阳）

杨休墓阙（四川梓潼）

贾公墓阙（四川梓潼）

李业墓阙（四川梓潼）

沛相范君墓阙（四川梓潼）

赵相雍府君墓阙（四川梓潼）

汝南令□君墓阙（四川阆中）

沈君墓阙（四川渠县）

冯焕墓阙（四川渠县）

冯昆□墓阙（四川渠县）

兖州刺史王焕稚子墓阙（四川新都）

杨宗墓阙（四川夹江）

上庸长阙（四川德阳）

丁房阙（四川忠县）

伏尉公墓阙（四川内江）

赵典墓阙（四川成都）

高颐墓阙（四川雅安）

樊敏墓阙（四川芦山）

王晖墓阙（四川芦山）

佚名墓阙（四川西吕）

巴王庙阙（四川通江）

佚名石阙（四川西昌）

弘农太守张德墓阙（河南密县）

郦食其庙阙（河南偃师）

安邑长尹俭墓阙（河南鲁山）

太室庙阙（河南登封）

少室庙阙（河南登封）

启母庙阙（河南登封）

佚名石阙（河南正阳）

武氏墓阙（山东嘉祥）

南武阳功曹墓阙（山东费县）

南武阳皇圣卿墓阙（山东费县）

东部都尉路君墓阙（浙江会稽）

幽州书佐秦君阙（北京市西郊）

陵墓前的神道阙，左右相对，中间为神道，形成入口处，在平面布局上具有门的意义。所有门阙的阙身四周一般饰以浮雕，有祥禽瑞兽、人物车马、杂技百戏等图案。王树村先生认为，有些汉代石阙阙身上雕刻有铺首的形象，这些石阙上的浮雕属于早期的门神画，“如四川绵阳市仙人桥的平阳府君阙，为东汉初平至兴平（公元190至195年）间造，双阙上部为浮雕人物、车马、狩猎等活动，下部四角刻武士像；阙盖四角刻青龙、白虎、朱雀、玄武四神，檐上有猎人搏兽、野鹿中箭和执竿托鹰人物等图像。又如河南登封的‘少室阙’，除了铺首衔环外，阙身满布龙、虎、共鸣鸟、驯象、猎鹿、斗鸡、蹴鞠、车骑出行以及精彩的马戏图。马戏图刻画两匹四蹄腾飞的骏马，一女子倒立于马背上，另一女子于马上舒展双袖随风飘动，两少女在奔跑的马背上表演惊险的技艺，十分生动。这些门前双阙上的图像，因有‘铺首’出现，故也应作汉代门神画看。”①总之，门阙上的门神浮雕千差万别，各具特色。在题材和形式上，都是丰富多彩的。

汉画像石门画《立熊》河南南阳

三、神荼与郁垒门神

蔡邕《独断》记载了汉代岁末的过年风俗，在新年将临时，先把屋子打扫干净，为防止鬼魅作祟，画神荼、郁垒门神，悬挂苇索，以便擒住恶害之鬼去喂虎。谓：“岁竟十二月，从百隶及童儿而时傩，以索宫中驱疫鬼也；桃符、棘矢、土鼓，鼓且射之，以赤丸五谷播洒之，以除疾殃。已而立桃人、苇索、儋牙虎、神荼、郁垒以执之。神荼、郁

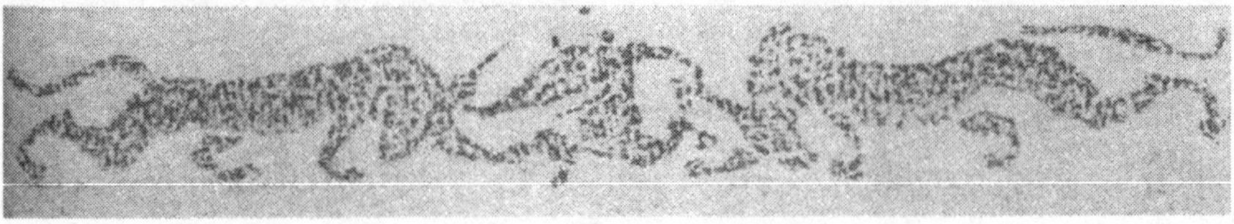

《一熊伏二犀》汉画像石

垒二神：海中有度朔之山，上有桃木，蟠屈三千里，其枝间东北有鬼门，万鬼所出入也。神荼、郁垒二神居其门，主阅领诸鬼，其恶害之鬼，执以苇索，食（喂）虎。故十二月岁竟，常以先腊之夜逐除之也。乃画荼、垒并悬苇索于门户，以御凶也。”

① 王树村：《中国民间门神艺术史话》，12 页，北京，百花文艺出版社，2008 年 4 月第 1 版。

四、门画

汉代的门神除了神话故事中的神荼、郁垒外，还刻画勇士作门神守门卫户。墓葬的墓门两侧常刻绘有武士形象，通常成对出现，手执各种兵器。河南方城县汉墓出土的《材官蹶张》，原物刻在门扉的背面，画中武士怒目张弓，以驱除疾殃。安徽亳州董园二号汉墓出土了一对武士、一对文官门画。另外，门上还画有双鱼、双雁及神话故事、文官、侍女等形象，反映了人们驱凶迎祥之愿望。

门神《神荼、郁垒》
汉画像石　河南密县

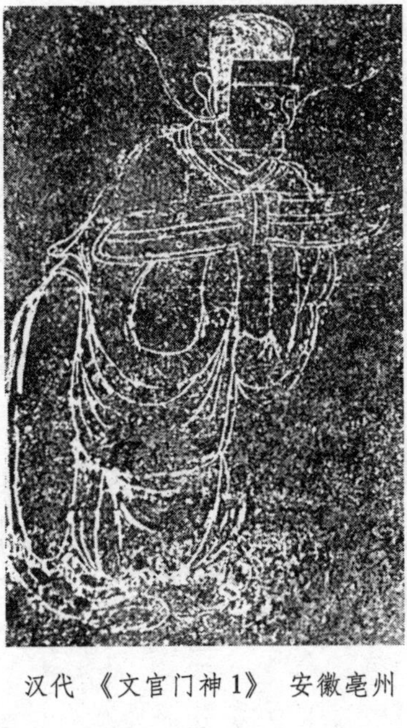

汉代《文官门神1》　安徽亳州

汉代《文官门神2》　安徽亳州

魏晋南北朝门神

一、画鸡于门

南北朝时，出现了画鸡于门作为门神的风俗，梁朝宗懔《荆楚岁时记》所载：“正月一日，贴画鸡户上，悬苇索于其上，插桃符其旁，百鬼畏之。”

《河图括地象》载：“桃都山有大桃树，盘屈三千里，上有金鸡，下有二神，一名荼，一名垒，并执苇索，以伺不祥之鬼、禽奇之属。乃将旦，日照金鸡，鸡则大鸣，于是天下众鸡从而鸣。金鸡飞下，食诸恶鬼。鬼畏金鸡，皆走之矣。”另外，在古人的空间观念中，以五行来释方位，分别是木配东，火配南，金配西，水配北，土配中。“鸡为积阳，南方之象”，故鸡属火，为阳精，与太阳同类。新年贴鸡门神，显然有迎新年初日与“积阳”之意。

晋朝王嘉《拾遗记》则谓：“尧在位七十年……有祗支之国献重明之鸟。一名‘双睛’，言双睛在目。状如鸡，鸣似凤，时解落毛羽，肉翮而飞。能搏逐猛兽虎狼，使妖灾群恶不能为害。饴以琼膏，或一岁数来，或数岁不至，国人莫不洒扫门户，以望重明之集。其未至之时，国人或刻木，或铸金，为此鸟之状，置于门户之间，则魑魅丑类，自然退伏。今人每岁元日或刻木铸金，或图画为鸡于牖上，此之遗像也。”

由此可知，在江南一带和中原开封等地，新年粘贴“金鸡镇宅”门画的风俗，已延续了一千六百年之久。苏州桃花坞和河南开封朱仙镇、山西临汾等地印刷的传统年画中，仍有“金鸡”、“大吉”等版样。①

---

① 王树村、王海霞：《年画》，81页，杭州，浙江人民出版社，2005。

门画《鸡王镇宅图》 清 江苏苏州

以鸡为题材的门神画，此后向四方深远发展，到明清朝代，陕西凤翔、山西临汾、河北武强、河南开封朱仙镇、江苏苏州，以及越南等国的印版门神画，都有“鸡王镇宅”、“金鸡报晓”和“大吉大利”等“鸡”字与“吉”字音谐，取其吉意等题材的门神画。以鸡为题材的门神画，发展到后来，不仅新年时贴于门上，还有一种于农历谷雨前贴于门窗各处的“谷雨帖”。其帖上刻印以公鸡为主体，也有的加画一儿童弹弦，意在提示人们注意时序已临夏天，蝎子蜈蚣伤人。鸡是毒虫的克星，刻印一鸡可辟虫害，但实效更在于人们看到“谷雨帖”，教育儿童不要误以毒虫为玩物。[1]

二、武将门神

北朝最有代表性的出土门神是民国二十年（1931 年）洛阳北邙山翟泉村出土的“宁懋石室”正面门外两侧的守门神。这是中国北魏横野将军甄官主簿宁懋墓上祀宗祖的石室，约建于孝昌三年（527年）。1931 年2 月在河南洛阳故城北半坡出土，流出国外，现藏美国波士顿美术馆。石室以数块石板及石质屋顶拼装而成，高 1. 38 米，宽2 米。石室仿木结构，为单檐悬山顶，进深二架椽，面阔三间的房屋。在内外壁画上以阴线刻满绘画，依一定规制，将不同内容的画幅安排在特定的位置上。正面门外两侧各刻一金甲武将，执戟、剑、扬盾，着武将装束，头戴护耳皮盔，上插雉鸡尾翎，身披护肩、

① 王树村：《中国民间门神艺术史话》，38 页，北京，百花文艺出版社，2008 年4 月第1 版。

护胸，护腿双甲齐膝，足登革履，怒目扬眉，神采飞扬，是驱恶辟邪的守门神。《南齐书·魏虏传》中所记：“万民禅位后……宫门稍覆以屋，犹不知为重楼。并设削泥彩，画金刚力士。胡俗尚水，又规划黑龙盘绕，以为厌胜。”可与此图相印证。

三、石窟造像

在南北朝时期的石窟艺术中，主要作品是佛本行各个阶段的造像。其次是各种等觉菩萨像，以及作为佛辅弼人物的胁士菩萨与声闻弟子。除此之外就是作为护卫佛的八部护法像。就像现实生活中，帝王有文武大臣和军队来保卫。佛教中的至尊——佛，也要有保卫他的人物，除菩萨、声闻外，还有作为佛眷属的八部配置在一个窟的四周，作为佛的翊卫。

宋法云曾经这样解释说：“原夫佛垂化也，道济百灵，法传世也，慈育万有，出则释天前引，入乃梵王后随。左辅大将，由灭恶以成功；右弼金刚，用生善而为德；三乘贤圣既肃尔以归投，八部鬼神，故森然而翊卫。”

八部是指天、龙、夜叉、阿修罗、乾达婆、紧那罗、迦楼罗和摩呼罗迦等。云冈石窟门两侧，雕刻有摩醯首罗天（7 窟）、鸠摩罗天（8 窟）护法神像。摩醯首罗天，三头八臂，骑大白卧牛，手托日月，持弓箭，执葡萄。鸠摩罗天，五头六臂，乘孔雀，手擎斑鸠、弓箭、日月，弯曲长发两侧下垂，颜如喜悦童子。该两则作品造型古朴，生动悦人。二者均为古印度教的力量天神，后在佛教壮大后被纳入了护法体系。

云冈第一、十窟的窟门上，有二龙雕像。第十一窟的窟顶上，还有八大龙王的雕像。这都是护法的一种形式。

金刚力士，除保卫佛的八部像以外，还有金刚力士。金刚力士，名曰密迹，住世尊右，手执金刚。他秉承佛的意志，为说菩萨秘如来密要。由于金刚力士能护持正经，使无量众生受到利益，因而在石窟造像中，如云冈第一、二、七、八、九、十、十二等窟，都把头戴鸟冠、手持金刚杵的金刚力士，刻在门的两侧。

云冈第六窟，中心塔柱下层南面佛龛两旁的力士像、龙门宾阳中洞门外的力士像，都是上身披着帔巾，下着裙，赤足。而宾阳中洞的力士像，又戴上了菩萨式宝冠。另外还有高髻、袒胸、有颈圈、下着裙、赤足的力士像（龙门三区魏字洞第三百三十五窟门外的力士像）。

夜叉，也译作药叉。《妙法莲华经玄赞》卷二解释：“夜叉者，此云勇健，飞腾空中，摄地行类诸罗刹也。”由于夜叉的勇敢健壮，因而《玄应音义》卷三解释：“此译云：能啖鬼，又云伤者，谓能伤害人也。”

桃花坞年画　杨卫华 摄

在石窟造像中，大致分为两种：一种如云冈第七、八、九、十、十二各窟中所凿的塔最下层有怒发上冲、类似鬼形的托扛人像，第九窟明窗外东西两座五重塔，每层塔中的两个练武姿势的人像，第七、八窟室门两侧，持三股叉的力士护卫像等，这些都是地上夜叉造像。

夜叉像为卷发后梳，类似怒发冲冠的样子；颈下有颈圈，上身袒露，天带飘扬，下着牛鼻裈。

隋唐门神

一、石窟造像

隋唐两代的门画，大都体现在佛教的石窟、寺庙艺术中。

现存的隋代门神，为河南安阳灵泉寺大住圣窟门外的浮雕神王造像，隋开皇九年（589 年）开凿，距今已有 1400 多年历史，被誉为中国最早的“门神”。雕刻名为迦毗罗和那罗延神王，身躯魁伟，帔帛飘举，顶盔贯甲，手持剑叉法器，脚踏神兽，威风凛凛，是我国石窟造像中较为完整的门神杰作。

隋朝小说故事《录异志》记载：“侯白，隋人，性轻多戏言，尝唾壁误中神荼像，人因责之。应曰：侯白两足坠地，双眼觑天，太平天地，步履安然。此皆符耳，安敢望侯白哉?”可见，隋代民间的门神仍是以神荼、郁垒为主。

唐代，佛教盛行全国，石窟寺庙艺术高度繁荣。在佛窟雕刻中，多雕刻有天王和力士为“门神”把守窟门。陕西西安慈恩寺大雁塔永徽年间刻画的门框上，有踏莲花、狮子、鬼卒的天王和夜叉残像。

天王像在佛界有不同的名称，他们的形象，身着铠甲，威严可畏。《不空罗索陀罗尼自在王咒经》下卷记：“坛东门外画二天王守护其门，左边应作持国天王，右边应作增长天王……持国天王以手执剑，增长天王以手执戟。坛南门外……左边应作丑目天王，右边应作赤目神王……坛西门外画二药叉王……手持斧索。坛北门画二天王……左边应作多闻天王，右边应作金刚手天王。”

石窟中把二天王形象，挤入一铺以内。这两种形象可能是密经所提到的每一门外守护的二天王。龙门敬善寺窟，南北壁各雕一天王像，手中都按着剑形兵器，与经中所记持国、增长二天王十分近似。龙门奉先寺的二天王，其中一个手托塔，应是北方毗沙门（多闻天），另一个脚下踏着鬼座。

毗沙门天，在佛教中为护法之天神。《北方毗沙门天王随军护法真言记乞胜利神加被之修法》论像云：“七宝庄严衣甲，左手执戟梢，右手托腰上，其神不作二夜叉鬼，并作黑色。其毗沙门石，作甚可畏形，恶眼视一切鬼神势。其塔奉释迦牟尼佛。”

河南登封县少林寺唐代释迦佛塔的塔门门楣旁刻有二门神，高

35 厘米，宽 11 厘米。是佛教的“那罗延”和“迦毗罗”两神王。盛唐时期天王的造像特征：头着搭耳帽，或作高髻，上身着覆膊、护胸和半截甲，下身加护腿，略露战裙。

力士多赤裸着上身，肌肉坚强，表现出武士的气质。顶作小椎髻，上身袒，下身着短裙，赤足，攒拳怒目，肌肉棱起，充分地表现出男体的劲健美。

神《尉迟恭　秦叔宝》　（清）　河南朱仙镇

据佛经《根本说一切有部毗奈耶颂（下）》所载，当时佛寺画像已有一定轨式：“大门扇画神，舒颜喜含笑，或为药叉（即夜叉）像，执杖为防非。”

现存北京房山县云居寺的唐塔浮雕，还有塔门上的石刻线画。这一石刻线画中，两门神一为手握钢鞭，胡须络腮，高鼻环目；一为面留短髭，双手交叉。二神皆贯甲赤足，腿扎行滕，脚下各踏妖怪，帔帛飘垂。后来民间门神画中的秦琼、尉迟敬德，似乎以此作范本。

二、钟馗“门神”

汉代，门悬苇索，以桃木板画神荼、郁垒做门神的民俗传承到唐初，到唐末五代时就变为以钟馗做门神。据《唐逸史》等记载：开元年间，唐玄宗因疾病卧榻月余，忽然一夕梦见一大一小两鬼，小鬼身穿绛色衣，牛犊鼻，赤跣一足，另一足拖着破鞋，来盗窃杨贵妃的紫香囊和玄宗皇帝的玉笛，玄宗绕殿奔逃。这时头上戴帽、身着蓝裳、袒露一臂的大鬼，上前捉住小鬼，刳目而食之。唐玄宗惊问道：“你是谁？”大鬼回答：“臣钟馗，即武举不捷之士也，誓

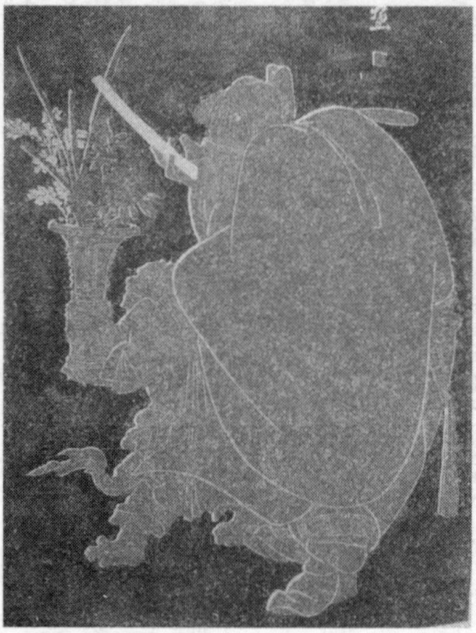
《终南仰福图》　（清）　咸丰

与陛下扫除天下之妖孽。”唐玄宗梦中一惊，醒后觉得病好了。于是召当时著名画家吴道子，告诉他梦中所见形象。吴道子听完后挥洒丹青，一时便画了出来。唐玄宗见画大悦，给吴道子犒赏百金，并诏告天下。于是钟馗成了门神，且开始流行。朝廷之上，每岁暮以钟馗图像及历日一同颁赐大臣，以用于驱除鬼疠。刘禹锡有《代杜相公谢赐钟馗历日表》云：“图写威神，驱除群疠，颁行元历，敬授人时。”另外，《代李中丞谢表》也写道：“绘其神像，表去疠之方；颁以历书，敬授时之始。”

年画与门神画关系极为密切。神荼、郁垒、钟馗、秦叔宝、尉迟敬德几位门神本来带有驱邪、避凶的迷信色彩，但汉魏之时，雕刻绘画神荼、郁垒的形象不易，只好写两人的名字。唐宋时虽然画起来较为麻烦，但唐代出现了雕版印刷术，绘画技术与印刷术已能融合发展，相得益彰。到了宋代，印刷术已相当普及，北宋神宗年间已有印钟馗画像的记载。熙宁五年（1072 年），神宗赵顼令画工将吴道子的《钟馗》摹拓镌版，刷印出若干幅，赐给东、西两府辅臣各一。这年除夕夜，遣入内供奉官梁楷给赐《钟馗》之像。印出来的门神不仅可供避凶驱邪，而且有装饰观赏价值，给春节增添了喜庆之气。[1] 唐朝的《钟馗》画是为了“岁暮驱除”，并告知天下。到了宋朝，不仅禁中岁除雕版刷印，赐给朝官，且开封市上也有“印卖门神、钟馗”的民间美术品在岁暮应市。明清时期，从皇宫到

① 钟敬文：《中国民俗史》，198～199 页，北京，人民出版社，2008 年 2 月版。

民间一般人家，都普遍地接受了钟馗作为“门神”的地位。《北平风俗类征·岁时》引《京都风俗志》写道：“（十二月）中旬，人家换桃符、门神、钟馗、福禄天官、和合。”又引《旧京遗事》：“禁中岁除，各宫门改易春联，及安放绢画钟馗神像。像以三尺长素木小屏装之，缀铜环悬挂，最为精雅。先数日各宫颁钟馗神于诸皇亲家。”

三、李寿墓中出土门神画

出土的唐代门神画中最典型的是李寿墓中出土的石椁上的门卫图。门上有一对铺首，下有一对朱雀。门额上刻朱雀，立于龟背上。门之两侧，各有一披甲戴缨盔捧戟的武士及两名簪冠捧笏、身穿朝服的文臣；画面两端，又各有相向而立的武士作守卫状。

李寿石棺门神》　（汉代）　陕西西安

四、虎头上书“聻”字

虎门神的形象在唐代有所变化，即画虎时在虎头的额上书一“聻”字，谓：阴府鬼神之名，可息疟疠。这一风俗，见于唐人段成

式《酉阳杂俎》："俗好与门上画虎头，书聻字，谓阴刀鬼名，可息

《虎》 李跃忠 摄

疟疠也。"予读《汉旧仪》说："傩逐疫鬼，又立桃人、苇索、沧耳、虎等。聻为合沧耳也。"这种画虎头，书"聻"字的门神画，明清年间在福建的漳州、泉州，广东，云南，台湾等地都有印制。民间还有石刻浮雕虎头衔剑，额头刻一"聻"字的础石，作为辟邪祟的镇物。

五代门神

五代出土墓葬中有后梁（907—923年）时期义武军节度使王处直墓中的一对浮雕敷彩门神，艺术水平无与伦比。这对"武士门神"，都是以高113厘米、宽60厘米的汉白玉雕出图像后，又敷以黄、红、赭石等颜色进行加工彩绘。其中一武士头戴朱顶头盔，盔帽下有护耳双翅，项围护肩，挂上甲，系战裙，中扎护裆，足蹬一双云头战靴，左手握剑柄，右手扶剑钮，竖眉怒目，年少无须；顶上卧一含珠凤凰，脚下踏一口衔折枝番莲的卧牛。门神身上的帔帛，下垂至卧牛的首尾两端。构图完美，色彩绚烂，人物造型威武。武

士门神浮雕高达一米之多，且以坚硬的大理石雕凿而成，其人物之比例，衣甲之起伏，形象之刻画以及凤鸟降落振翅翘尾之动态，神牛伏卧之姿势，无不传神妙极。这一门神虽然以浮雕形式完成，但借助立体感使其颇似寺庙中的彩塑站神。另一浮雕与“武士门神”形象相似，也是头顶兜鍪，身披重甲，手握宝剑，帔帛绕身，眉目竖起，面颊丰腴。所不同者，此一浮雕人物头上是一青龙，龙口含一骊珠，龙爪踏于武士之肩与头盔上，与前图武士头上的凤凰相对而立。武士足下所踏之神兽为一梅花鹿，鹿口衔一红莲，武士剑锋直抵莲上。盖因民间雕刻家创作构思时，深恐剑端有伤神兽之背，故以其口衔之莲花承托剑锋，可见艺术构思之妙。

南唐乾陵墓门门神
《中国美术全集·建筑艺术编》

从王处直墓中的这对门神来看，除了牛与鹿二神兽外，人物已由异域传来的佛教样式完全汉化了，而且还加上了龙凤青龙、朱雀吉祥物，更具中国传统刀马人物之风格。由此发展趋势看，这一对五代后梁王处直墓中的浮雕门神，便是后来秦叔宝、尉迟恭门神的雏形。①

两宋门神

一、木版门神画

宋代，随着雕版印刷术的发展，门神画开始了大量印制，普及

---

① 王树村：《中国民间门神艺术史话》，65页，北京，百花文艺出版社，2008年4月第1版。

各地。

在孟元老描写帝都汴梁城（开封）中帝王贵胄和下层庶民生活的《东京梦华录》里，记有“十二月近岁节，市井皆印卖门神、钟馗、桃板及财门、钝驴、回头鹿马、天行帖子”的繁华景象，说明中国宋代时，民间雕版刷印门神、钟馗等画品，已很普遍了。袁纲《枫窗小牍》卷下记载“门神多番样，戴虎头盔，而王公之门，至以浑金饰之”，已非常华丽和奢侈。宋代传统的门神，多数仍沿用汉代“神荼、郁垒”之名。晏殊咏《元日》诗即可为证：“屠苏醴酒盈金斝，郁垒神荼卫紫关。”

《神荼　郁垒》

宋代绘制的门神门画，今已不存，目前所能见到的只是墓室或寺庙塔座残留之门画。近年河北定县发掘的宋代“静志寺真身舍利塔”塔基中的券门两侧南壁上，画有一对门神分守塔门。东侧门神顶盔披甲，右手握剑，左手托一宝塔，怒目满髯，足下踏一夜叉；西侧门神装束与东侧同，面白无须，手中捧剑。二神背有顶光。推想后来木版刷印的面色一白一黑的门神，或是由宋代寺塔门神演变而来。宋代墓葬里出土的文物中，有不少门神题材形式的陶塑和砖刻等物，虽然皆非绘品，但据其形象，再参照文献资料记载，可以看到门神题材的民间年画在宋代已有很大发展。

二、手绘门神

宋代门神除木版印刷之外，还有画工用笔绘制的。分水墨和工笔重彩两类，以工笔重彩为贵。洪迈《夷坚志》里提到“胡画工”绘制门神画的故事说：

浮梁画工胡生，居于县市，其技素平平，邑人葺城隍祠，付以钱，使绘门卫二神。胡生嫌所得之微，视其值斟酌之，但作水墨而已，衣冠略不设色。夜梦二巨人，长七尺，仪貌雄伟，而衣装极敝恶。谓曰：“我二人蒙君力，获所依凭，沾受香火。独恨被服不如法式，不为人所礼。愿君复加藻饰，必有以报。使技日进而名益彰。”梦中恍惚许之。已觉，而未暇研究。经旬日，因过彼处，遥望两像，宛如故知，瞿然悚悟。即日买金箔五采，自施工艺，绘黄金甲，执金钺，冠带整严。见者悉加瞻敬，而不以梦告人。后梦其来，威容凛凛，服与貌称，感谢至再三。自是胡日以称遂，求者接踵。至于嫁女文绣，只以画代之。里巷遭疫疠，无一家不病，胡氏独免。或以为挟它术，始道所遇如此。绍兴中事。

三、墓室门神

较为完整而艺术水平相当高的墓室门画，是甘肃东部临洮县宋墓出土的门画砖刻。其中一对门神头戴绒缨盔，身披蓑子甲，腰系战裙，胸前悬一护心镜。一个倒提斧头，一个双手举一斧钺，相向而立。这一对门神之发现，证实了宋代门神的形式是披甲戴盔的武士模样，恰与宋墓出土者同。临洮宋墓出土的砖刻画中，还有两对美人。其中一对为一人手捧食盒，另一个两手相握；另一对为一人怀抱铜镜，另一人手举圆盘。这是后来门画中的“加官进（晋）禄”、“仙女美人”等题材的内室门画之形式。

1957 年四川昭化发掘的一座宋代石棺墓室里，靠近墓门处雕有一对甲胄武士，一个双手执矛，一个手执弓，作守卫状。两壁又有石雕侍女捧盒和身穿长衣的男侍拱手躬立，类似甘肃临洮宋墓砖刻门画。其中一块石上雕刻一妇人怀抱一小儿，骑在驴背上，后有一小童双手撑伞奔随，很像后来年画中“麒麟送子”或“状元及第”

《墓室门卫1》
（汉代） 辽宁旅顺

《墓室门卫2》
（汉代） 辽宁旅顺

之构图形式，颇有研究价值。

辽墓壁画中也有门神的形象，与南宋都城杭州市上售卖的等身门神和寺庙中的“天王”相对照，可见中原一带门神画对外地的影响。

宋代武装守门卫户的门神处处可见，这大概与宋朝常和辽、西夏和金之间长期相互攻战有关。新年除夕，不仅开封市井有卖刷印和手绘门神者，还有装扮门神之习俗。七夕时，市上以油面糖蜜造“果食花样，奇巧百端，若买一斤数内，有一对被甲胄者，如门神之像”（《东京梦华录》）。靖康之变后，宋室南迁，刷印门神、钟馗的风俗南移到临安。临安市场繁华胜于开封，当时门神年画市场非常热闹。宋代城市经济的繁荣，使市民文化生活随之丰富，民间说唱艺术、小说等大众文化异常活跃。而门神也由神界走向人间。从传为李嵩作的一幅《岁朝图》来看，图中门楼的一扇门上，贴一甲胄武士举一长形兵器；门内堂屋隔扇上，贴一对头戴展翅幞头、身穿袍带朝服的文臣，可知宋代门画题材又有了“文官门神”。

《钟馗舞剑》
（清代） 山西新绛

钟馗画是宋代作坊行货中的“热门货”，其题材由于民间画工的巧妙构思而大为增加。宋代钟馗不仅为民众普遍敬崇，也为民间画工所喜欢。民间画工遂创新了许多关于钟馗的题材，成为后来民间年画中的《钟馗嫁妹》、《恨福来迟》、《盼子得子》（钟馗在民间又称判子，必借用其谐音成“盼子”之意）的题材。[①] 门神的作用也渐由守门防鬼向迎福纳祥的愿望转化。

元代门神

一、酒坊门画“战国四公子”

元朝统治者为蒙古族，所居穹庐毡帐，向无贴挂门神画之风俗。据《析津志辑佚·风俗》对元代造酒烧锅坊门面的描述：酒槽坊，门首多画四公子：春申君、孟尝君、平原君、信陵君。以红漆阑干护之，上仍盖巧细升斗。若宫室之状。两旁大壁，并画车马、驺从、伞仗俱全。又间画汉钟离、唐吕洞宾为门额。正门前起立金字牌，如山字样，三层，云“黄公垆”。四公子为战国贵族，都饮酒好客，轻财重义；门下食客甚众。

春申君本名黄歇，博闻善辩。考烈王元年（前262年），以黄歇为相，封为春申君。赐淮北地十二县。春申君明智忠信，宽厚爱人，以礼贤下士、招致宾客、辅佐治国而闻名于世。最高峰时有门客三千多人。顷襄王时，秦昭王派大将白起带兵打败韩国和魏国后，联合韩、魏两国共同讨伐楚国，形势危急。顷襄王派能言善辩的春申君出使秦国，说服秦昭王退兵。顷襄王病重，春申君设计使留在秦国作为人质的楚太子熊完逃回楚国即位，即考烈王。考烈王任黄歇

---

① 王树村、王海霞：《年画》，99～100页，杭州，浙江人民出版社，2005。

为相。在秦军围攻邯郸时，春申君带兵救援。后又为楚北伐灭鲁。

孟尝君，名田文，齐国宗室大臣。其父田婴是齐宣王的异母弟弟，曾于齐威王时担任要职，于齐宣王时担任宰相，封于薛（今山东滕州东南），权倾一时，谥为靖郭君。田婴死后，田文继位于薛，是为孟尝君，以广招宾客、食客三千闻名。

孟尝君在薛邑，招揽各诸侯国的宾客以及犯罪逃亡的人，很多人归附了孟尝君。孟尝君宁肯舍弃家业也给他们丰厚的待遇，因此使天下的贤士无不倾心向往。他的食客有几千人，待遇不分贵贱，一律与田文相同。孟尝君每当接待宾客，与宾客坐着谈话时，总是在屏风后安排侍史，让他记录孟尝君与宾客的谈话内容，记载所问宾客亲戚的住处。宾客刚刚离开，孟尝君就已派使者到宾客亲戚家里抚慰问候，献上礼物。有一次，孟尝君招待宾客吃晚饭，有个人遮住了灯亮，那个宾客很恼火，认为饭食的质量肯定不相等，放下碗筷就要辞别而去。孟尝君马上站起来，亲自端着自己的饭食与他的相比，那个宾客惭愧得无地自容，就以刎颈自杀表示谢罪。贤士们因此有很多人都情愿归附孟尝君。孟尝君对于来到门下的宾客都热情接纳，不挑拣，无亲疏，一律给予优厚的待遇，所以宾客人人都认为孟尝君与自己亲近。

公元前299年，齐愍王派孟尝君到了秦国，秦昭王立即让孟尝君担任秦国宰相。臣僚中有的人劝说秦王道："孟尝君的确贤能，可他又是齐王的同宗，现在任秦国宰相，谋划事情必定是先替齐国打算，而后才考虑秦国，秦国可要危险了。"于是秦昭王就罢免了孟尝君的宰相职务，把孟尝君囚禁起来，图谋杀掉孟尝君。孟尝君知道情况危急，就派人冒昧地去见昭王的宠妾，请求解救。那个宠妾提出条件说："我希望得到孟尝君的白色狐皮裘。"孟尝君来的时候，带有一件白色狐皮裘，价值千金，天下没有第二件，到秦国后献给了昭王，再也没有别的皮裘了。孟尝君为这件事发愁，问遍了宾客，谁也想不出办法。有一位能力差但会披狗皮盗东西的人对孟尝君说：

"我能拿到那件白色狐皮裘。"于是当夜化装成狗，钻入了秦宫中的仓库，取出献给昭王的那件狐白裘，拿回来献给了昭王的宠妾。宠妾得到后，替孟尝君向昭王说情，昭王便释放了孟尝君。孟尝君获释后，立即乘快车逃离，更换了出境证件，改了姓名逃出城关。夜半时分到了函谷关。这时昭王后悔放出了孟尝君，再寻找他，他已经逃走了，就立即派人驾上传车飞奔而去追捕他。孟尝君一行到了函谷关，按照关法规定鸡叫时才能放来往客人出关，孟尝君恐怕追兵赶到，万分着急。宾客中有个能力较差的人会学鸡叫，他一学鸡叫，附近的鸡随着一齐叫了起来。他立即出示了证件逃出函谷关。出关后约莫一顿饭的工夫，秦国追兵果然到了函谷关，但已落在孟尝君的后面，就只好回去了。当初，孟尝君把这两个人安排在宾客中的时候，宾客无不感到羞耻，觉得脸上无光，等孟尝君在秦国遭到劫难，终于靠着这两个人解救了他。自此以后，宾客们都佩服孟尝君广招宾客不分人等的做法。

信陵君名魏无忌，是魏昭王的儿子，魏安釐王同父异母的弟弟。信陵君是战国时代著名的政治家、军事家，魏安釐王时期官至魏国上将军。

魏无忌为人仁爱宽厚，礼贤下士，士人因而争相前往归附于他。当时的魏无忌威名远扬，各诸侯国连续十多年都不敢动兵侵犯魏国。

公元前257年，秦国的军队包围了赵国的都城邯郸，赵国的形势非常危急。赵国丞相平原君的妻子是魏无忌的姐姐，平原君赵胜多次向魏安釐王和魏无忌送信，请求魏国救援，魏安釐王派将军晋鄙领兵十万前去救赵。秦昭王得到消息后，派使者威胁魏安釐王，魏安釐王惧怕，就派人通知晋鄙停止进军，留在邺扎营驻防，名义上为救赵，实际在观望形势的发展。

平原君不断派使者前去魏国催促，并责备魏无忌不顾赵国和魏无忌姐姐的危亡。魏无忌为此忧虑万分，屡次请求魏安釐王出兵，门客也用尽各种办法劝说，但魏安釐王惧怕强大的秦国，始终不肯听魏无忌的意见。魏无忌估计魏王已不肯出兵救赵，又不想看着赵国灭亡，于是凑齐战车一百多辆，打算带着门客前去赵国和秦军死拼。

魏无忌带着车队路过夷门时遇见侯嬴，于是把情况告诉了侯嬴。侯嬴向魏无忌秘密献策，让魏无忌去找魏安釐王的宠妃如姬帮忙，让如姬从魏安釐王的卧室内窃出晋鄙的兵符。因为魏无忌曾为如姬报过杀父之仇，如姬是肯定会为魏无忌效命的。魏无忌听从了侯嬴的计策，前去请求如姬帮忙，如姬果然盗出兵符交给了魏无忌。魏无忌拿到了兵符准备上路，侯嬴又让魏无忌把屠夫朱亥带上，以便晋鄙在看到兵符仍不交出兵权的情况下让大力士朱亥击杀他。

魏无忌到了邺，拿出兵符假传魏安釐王的命令要代替晋鄙担任将领。晋鄙合了兵符，验证无误，但还是表示怀疑，不想交出兵权。此时的魏无忌在不得已的情况下，只好让朱亥动手，用铁椎杀死晋鄙，强行夺权。

魏无忌统领晋鄙的军队后，精选士兵八万开拔前线。与此同时，楚国也派出春申君黄歇救援赵国。在楚、魏、赵三国的联合下，一举击溃秦国，解除了邯郸之围。

公元前 247 年，恢复了元气的秦国开始大举进攻魏国，魏安釐王为此焦虑不安，就派使者去请魏无忌回国。魏安釐王任命魏无忌为上将军，让他做魏国军队的最高统帅。魏无忌派使者向各诸侯国求援，各国得知魏无忌担任了上将军，都纷纷派兵救魏。魏无忌率领五个诸侯国的联军在黄河以南大败秦军，使秦国将领战败而逃。联军乘胜攻至函谷关，秦军紧闭关门，不敢再出关。这次合纵攻秦的胜利，使魏无忌的声威大震，各诸侯的宾客都向他进献兵法，魏无忌编写成书，后世称为《魏公子兵法》。

四公子都是任侠重义好饮者流，所以画在门首“以红漆阑干护之”。另外画于门额的两仙客汉钟离、吕洞宾，同是“醉八仙”中的角色。

二、道观门神

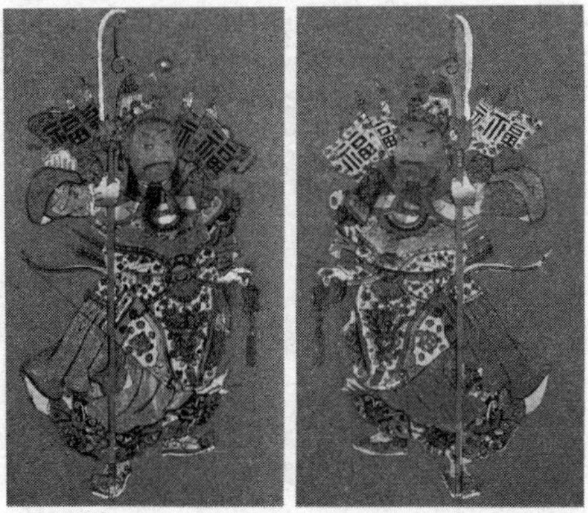

《执刀门神》　广东佛山

元代道教中全真教派兴起，受到元太祖成吉思汗的信奉，道观增多。山门塑神，效法佛寺，或塑画青龙、白虎为门神。明·姚宗仪《常熟私志》叙寺观篇云：“致道观山门二大神，左为青龙孟章神君，右为白虎监兵神君。”今山西洪洞一带元代道观古建筑山门左右，犹有青龙、白虎的壁画门神残迹。

明代门神

明太祖以儒教立国，在鬼神问题上却并不一味以儒家为准，而是肯定鬼神的存在。他说：“其鬼神之事未尝无，甚显而甚寂。所以古之哲王立祀典者，以其有之而如是。其与显寂之道，必有为而为。夫何故？盖有不得而死者，有得其死者。有得其时者，有不得其时者。不得其死者何？为壮而夭，屈而灭，斯二者，乃不得其死也。盖因人事而未尽，故显。且得其死者，以其人事而尽矣，故寂。”①因为肯定鬼神的存在，所以尤其强调以“祗肃”、“攸敬”的态度事神。既然一朝开国皇帝如此信奉神灵，以诚敬的态度事神，那么，鬼神的信仰势必会影响到民间。民间百姓的诸神信仰，更多的还是考虑现世利益，借此得到神灵的佑护。

绘门神以避邪是古老的风俗之一。在宫中：“门旁植桃符板、将

① 朱元璋：《御制文集》卷11《鬼神有无论》，载《洪武御制全书》，160页。

军炭贴门神。室内悬挂福神、鬼判、钟馗等画。床上悬挂金银八宝、西番经轮，或编结黄钱如龙。”[1] 上行下效，民间仍然保留了这一习俗。嘉靖河南《夏津县志》说：“元日绘门神、贴桃符，供祖先，寿尊长，亲朋更相贺岁。”嘉靖河南《许州志》说，该地元日有“具酒肴，写桃符，绘门神，贺新年”的习俗。嘉靖云南《寻甸府志》说：“元日，具酒肴，写桃符，绘门神，往来贺岁。”

门神《尉迟恭　秦叔宝》
清　河南朱仙镇

受到文学戏剧等艺术的影响，明代的门神出现了新的题材和新的作品。

一、小说演义中的英雄人物成为门神

明代长篇小说繁荣。罗贯中的《三国志通俗演义》、吴承恩的《西游记》、甄伟的《西汉通俗演义》、谢诏的《东汉通俗演义》、吴门啸客的《孙庞演义》等历史演义小说和英雄传奇小说《说唐》、《说岳》和《说杨》等系列小说，受到广大市民的普遍欢迎。小说中的英雄人物成为新的门神。《孙庞演义》中的孙膑、庞涓，《西汉演义》中的萧何、韩信，《东汉演义》中的马武、铫期，《说唐演义》中的裴元庆、李元霸，《杨家将演义》中的孟良、焦赞，《三国志通俗演义》中的赵云、马超等等，大约在明代都纷纷进入了门神系统。

有研究者指出，武士门神中，在近代流传最广的是秦琼、尉迟

---

① 刘若愚：《明宫史》火集《饮食好尚·正月》，970 页，北京，北京古籍出版社，1982 年 4 月版。

恭二位名将。关于他们充当门神的故事始见于《西游记》。但《西游记》中的许多情节皆源自元代、明初的话本和民间传说。即如魏徵梦斩泾河老龙一节，明初的《永乐大典》所收话本已有类似描写。所以，我们推断民间以秦琼、尉迟恭二将为门神的习俗形成，当早于明代。①

《西游记》第十回于秦琼、尉迟敬德镇守宫门，平息鬼祟之后，又记述了名臣魏徵把守后门的故事。例如：

如此二三日，又听得后宰门，乒乓乒乓，砖瓦乱响，晓来即宣众臣曰："连日前门幸喜无事，今夜后门又响，却不又惊杀寡人也！"茂功进前奏道："前门不安，是敬德、叔宝护卫；后门不安，该着魏徵护卫。"太宗准奏，又宣魏徵今夜把守后门。徵领旨，当夜结束整齐，提着那诛龙的宝剑，侍立在后宰门前，真个的好英雄也！他怎生打扮：

熟绢青巾抹额，锦袍玉带垂腰。
兜风氅袖采霜飘，压赛垒茶神貌。
脚踏乌靴坐折，手持利刃凶骁。
圆睁两眼四边瞧，那个邪神敢到！

一夜通明，也无鬼魅。魏徵虽然文臣装束，然而"手持利刃"，"圆睁两眼"，气度风格俨然武将。"压赛垒荼神貌"，也说其气概之英武，一如传统门神"神荼"、"郁垒"。

有研究民间神仙信仰的学者指出，北京还有一种专镇后门的门神，贴在后门单扇门上，其中有魏徵和钟馗。②

明清年间刻绘的年画中，却有依照《西游记》小说中尉迟恭、秦叔宝之装扮："头戴金盔光烁烁，身披铠甲龙鳞，护心宝镜幌祥云，狮蛮收紧扣，绣带彩霞新。这一个凤眼朝天星斗怕，那一个环

① 宗力、刘群：《中国民间诸神》，244页，石家庄，河北人民出版社，1986年9月版。

② 马书田：《华夏诸神》，359页，北京，燕山出版社，1990年2月版。

《永镇家宅》
绵竹年画博物馆藏 杨卫华 摄

睛映电月光浮。”由此印制秦叔宝、尉迟恭为前门和魏徵作后门的门神图像。以魏徵作后门守卫神的做法只在北方。北京刷印的魏徵门神，俗称“独坐”，又名“镇宅福神”。门神一般都是站像，执兵器守门护院；但陕西有对坐之秦琼、尉迟恭，北京和东北一些地方的房屋后门贴有坐像的门神魏徵。据黑龙江《双城县志》载：“后门别有一神为魏徵，俗称为独坐。祀门神时，即门前焚香楮焉。”双城的后门魏徵图像未曾一见，但北京宅门上贴的“镇宅福神”尚存一幅。

《回荆州》(局部) (清末) 山东平度

赵云为门神，见于黄河流域的山西临汾、山东聊城、陕西汉中、河南开封等地清代年画作坊中。赵云充作门神之缘由，亦从小说中来。明·洪楩编刊的《清平山堂话本》谓：“宋真宗诏史官讲前代名臣外传，遂命驾幸武庙，侍臣张询随驾……张询奏曰：‘伍子胥曾鞭王尸，赵云曾叱主母，此二人不堪入庙。’真宗曰：‘此二人亦英杰也，可于门首享祭。’至今于武庙为把门将。”

二、吉祥门神

《月令广义·十二月令》：“道家谓门神左曰门丞，右为户尉。盖司门之神，其义本自桃符，以神荼、郁垒辟邪，故树之于门。后世画将军朝官诸式，复加爵鹿蝠蟮、宝马瓶鞍等状，皆取美名，以迎祥祉。”门神发展至明代，与早期贴神荼、郁垒护宅镇邪的初衷已大不相同，这时出现了招财进宝、祈福迎祥的赐福门神，昭示着民间祈愿功名利禄、多子多福、益寿延年的愿望。最典型的是福、禄、寿。福、禄、寿曾各有一个固定形象，称为“三星”。有时直接贴在门上，一般挂在厅堂里。

“福”的概念，在世俗心目中是很广泛的。福可解释为福气、运气、幸福等等。总之，“福”是人们孜孜以求、极其向往的人生大目标。于是福神应运而生，人们虔诚礼拜，希冀福降家门。“天官赐福”这一题材，成为历代民俗年画中的重要内容之一。天官除被称做福神外，又叫福星、福判，典型形象做吏部天官模样，一身朝官装束，红色袍服，龙绣玉带，手执大如意，足蹬朝靴，慈眉悦目，五绺长髯，一派喜颜悦色、雍容华贵气象。

《福禄寿星》　广东佛山

禄是指官职禄位。功名利禄是许多人所追求的幸福目标，禄神在民间很受欢迎。其形象为一个男人穿员外服、头上戴一朵牡丹花代表“禄”，福运绵长。

寿星是一位慈祥和善的长者，又叫南极老人、南极仙翁。自古以来，有“五福寿为先”的说法。所谓“五福”：“一曰寿，二曰富，三曰康宁，四曰攸好德，五曰考终命。”（《尚书·洪范》）或指“寿、富、贵、安乐、子孙众多。”（桓谭《新论》）在年画中，一个广额老人代表“寿”。长头大脑门的寿星像大概是明末定型的，一直沿用至今。

民间常把寿星与福、禄二星凑成一伙，合称福禄寿。他们代表着福运、官禄、长寿，成为最受人们欢迎的三位神仙。此三个已经作为道教神祇系统中的神。有时画中出现一个儿童，为“喜童”，表示福禄寿禧。

三、吉祥门饰

明代的门神图案中出现了象征手法和谐音双关来表达某种寓意一般性幸福含义的吉祥形象。谐音吉祥的植物有：荷花，“荷”与“和”同音，荷花表示和美，夫妇和顺；牡丹，表示富贵，富贵是财富和社会地位的最高目标；蕉，蕉与“交”同音，蕉叶表示交运，代表命运的美满和顺利。

桃花坞年画《四季兴隆》　杨卫华 摄

谐音吉祥的器物有：如意，表示达成愿望；磬，磬与“庆”同音，表示喜庆、成功；结，一般为衣带或武器穗带的扣结，结与“吉”同音，表示吉利，幸福；阴阳图，道家图谶学派创造的宗教符号，表示佑护幸福；蝙蝠，蝠与“福”同音，表示幸福。

谐音社会地位的吉祥形象有：

瓶中插戟，“瓶”与升平的“平”同音，“戟”与“级”同音。瓶中插戟表示“平升三级”，代表社会地位的提升。

云，自然现象。“云”表示“平步青云”，代表官阶上升得很高。

冠，本身是地位的标志。冠又与“官”同音，表示“升官”，代表社会地位的提升。

红袍，器物。红袍是状元所穿的袍，表示取得最高的社会地位。

盔，器物。在中国北方盔与“魁”同音，在南方盔与“辉”同音。“魁”、“辉”表示前程辉煌、地位显赫。

云头靴，表示“平步青云”，代表地位上升很快，达到极高的位置。

日出，表示“升起”、“旭日东升”，代表社会地位上升。

笏，为朝官上朝时手执物，持笏表示地位高。

书卷，是科举考试的象征，表示“读书做官”。

鹿，与“禄”同音，代表官职禄位。

谐音财富的吉祥形象有：

元宝，表示财富。

各类宝物，如珊瑚、宝球、玉环、珠、瓔珞等表示财富。

招财使者、利市仙官和招财童子，是财神的助手。

谐音健康的吉祥图像有：

瓶，与平安的“平”同音，表示平安健康。

屏，与平安的“平”同音，表示平安健康。

蝶，与“耋”同音。耋是年老，蝶表示健康长寿。

灵芝，在中医中被当做延年益寿的食品，表示健康和长寿。

谐音家族兴旺的吉祥图像有：

莲花，莲与连续的“连”同音，表示“连生贵子”。

麒麟，是送男孩的神兽。麒麟表示“送子”，而且送的是将来有前程的贵子。

桃花坞年画《五子夺魁》
杨卫华 摄

五子，表示“五子登科”，意思是男丁兴旺而且有前程。《三字经》说：“窦燕山，有义方。教五子，名俱扬。”窦燕山有五个儿子，因为教育有方，都通过科举飞黄腾达。

吉祥的象征物还有很多，吉祥图像进入门神系统，昭示着人们趋向幸福的愿望。

清代门神

一、宫廷门神

《清会典》记载，清廷自康熙二十五年（1686 年）始规定：“门神、对联于十二月二十六日委官安排，二月初三日撤出，存库。”宫廷张贴的门神是经过装裱后，镶在一红木框内，每年腊月末悬挂在宫殿各门，农历二月初摘下，存放至神库内。

《秦叔宝》（绿地流云门神）（清初） 天津杨柳青

《尉迟恭》（绿地流云门神）（清初） 天津杨柳青

宫廷大内悬挂之各种门神形式，是按外围墙门、奏事处隔扇门、后宫前路殿内隔扇门、乾清宫西路南围墙门等不同宫室场合而区分。外围墙上诸门悬挂武门神，金盔亮甲，以示威猛，神鬼不得人。“福神”则挂在乾清宫西路的南书房、军机处等所在地，其模样似吏部天官。至于“仙姑”、“仙童”之类的吉祥门画，都悬挂在故宫西路。西路为皇帝后妃起居之所，其宫门明代多取祥瑞之词，清朝沿袭未改，如“螽斯门”、“百子门”、“凤彩门”等。而悬挂仙姑、仙童以寓意多子多孙，别有情趣。[①] 宫廷悬挂之门神、福神、仙姑、仙童之类的门画，所用的金箔彩色及其他原料质量高于民间印绘者，富丽堂皇，显出帝都王宫与民间之差别。

二、民间门神

清代的门神随着年画题材的拓广，戏曲小说中人物作门神的画样也增多起来，尤其是历代名将、英雄人物充门神者更多。据《清嘉录》引《吴县志》谓：“门神，彩画五色，多写温、岳二神之像，远方客多贩去，今其市在北寺桃花坞一带。”

取小说故事中的英雄人物作题材，绘制出各种不同形式的门神的年画产地，以陕西汉中为冠。汉中刻印年画门神的历史迄今仅有二百年，由于汉中位于陕西南部，崇山险阻，交通不便，不少画样保持了原地固有的特色。汉中作坊以刷印门神为主，远销青海、甘南、川北各地，故画样也逐渐增多。其中除了秦琼、尉迟恭等历史名将外，还有一些神话小说中的神仙将士。如《封神演义》里的燃灯道人、赵公明，《前后七国志》中的庞涓、孙膑，《东汉通俗演义》中的马武、铫期，《三国演义》里的赵云、张飞，《东周列国志》里的伍员，《隋唐演义》里的裴元庆、李元霸，《杨家将演义》中的孟良、焦赞、杨延昭、穆

北方的门和门神　李跃忠 摄

---

① 王树村：《中国民间门神艺术史话》，158 页，北京，百花文艺出版社，2008。

桂英，以及《香莲帕》鼓词中的徐延昭、杨波等。

门神画样数量仅次于陕西汉中的是河南开封朱仙镇。开封刻印门神的历史最早，宋代已有文献记载和壁画等实物见证。降至清朝，戏曲流行，开封朱仙镇等地的门神中，出现了与赵匡胤和汴梁有关的人物题材。有些人物呈舞台演出之扮相，为其他门神画中罕有。如《长坂坡》中的赵云、张郃；《对金抓》戏中的马超、马岱；《铜旗阵》鼓词中的杨林、秦叔宝；《访白袍》中的尉迟恭、薛仁贵；《狗家疃》戏中的高行周、王彦章；《锤换带》中的杨衮、赵匡胤；《五女七贞》评书中的三女侠等。

四川绵竹也是以门神为主的年画产地。自从清兵入川康，特别是乾隆对大小金川用兵后，绵竹年画中出现了一种头戴纬帽、后插孔雀翎、清朝旗兵装束的门神，俗称“总爷”。这种门神两幅为一对，分贴两扇门扉上，面部形象一作粉面，一为花脸，看去还是尉迟恭和秦琼之头脸，只是衣装换了清代武装时样。这一门神形象，不见于其他各地，是四川绵竹专销西康、川南、西藏、云南各地的门神主要形式之一。绵竹门神以秦琼、尉迟恭为多，形象有抱锏、立锤、舞锏、抱旗等多种。其他以小说人物作门神者，还有关胜、花荣、李逵、穆桂英等等。此外，还有御前侍卫门神，顶盔披甲，外罩绣袍，手握金瓜而立，面无须髭如壮士。[1]

《鸡》 杨卫华 摄

---

① 王树村：《中国民间门神艺术史话》，161 页，北京，百花文艺出版社，2008。

三、六畜门神

古有“六畜”之说，即马、牛、羊、鸡、犬、豕（猪）。因为六畜与农民生产、生活密切相关：马能负重致远，牛能耕田运货，羊供祭礼和御寒之衣，鸡司晨报晓，犬守夜防患，猪可生息繁孳，饲养者得利，所以年画有“六畜兴旺”题材。民间企盼六畜兴旺，遂信奉一些能保护六畜以避瘟疫或其他灾害之神灵。根据这些信奉崇拜传说，年画作坊的画工们创作了一批新的“六畜门神”，供民众张贴于牛棚马厩、猪圈鸡埘之用，因而出现了《避马瘟》、《打猪鬼》、《车马平安》、《槽头兴旺》、《圈神》等门神作品。《避马瘟》取材于《西游记》，人们相信孙悟空法力高强，能克瘟神，可令马肥而不生病。有的地方牛马棚内还贴《牛王》、《马王》于墙壁，以祈神灵保佑。这反映了劳动人民钟爱六畜的朴素感情。

《打猪鬼》（清） 山东潍县

山东《打猪鬼》门神黑面朱髯，穿绿袍，舞双剑，很像钟馗模样。近人谢昌一先生认为是道家所奉之神赵公明，民众相信贴此画于猪圈门上，可保猪的平安。

安徽宿县、河南开封、江苏徐州、山东潍县等地作坊刷印的《车马平安》（又名“车旗”）门神，上画一四轮大车，牛马骡驴四牲齐牵拉，车旁马夫驱赶，车上一位戴莲冠、捧玉圭、赤面三目之天神（马王）坐在元宝上，旁插彩旗，上书“人马平安”等吉祥语句。

至于《六畜兴旺》、《圈神》、《猴仙》、《蒲神大王》等，都是贴在猪圈鸡窝栅栏门上的门神画。这类司六畜之诸神年画尺幅较小，刻印粗糙，更多见于西南少数民族地区山村农舍中（如云南白族的《圈神》、《瘟司圣众》等），富于“图腾”之韵味。

四、文官与门童

清代文官和童子、天仙之类的门画，已占据年画艺术的要津，在全国各地的门神类别中，除四川、陕西、河南、山东等地以武门神占多数外，其他地方以童子和文官题材的门画占大宗，而天津杨柳青当推为首位，绘刻也精彩。自清初到清末，杨柳青年画中的门神除武样（只有秦琼、尉迟恭形象者）外，文官和童子的画样最少也有百种之多。

绵竹年画《一品当朝》
陈刚　杨卫华 摄

文官门神有劝勉人们为善或寓意吉祥之含义。“门官”画样，亦多典故。如《带子随朝》，画唐朝郭子仪功封汾阳王，幼子郭暧娶唐代宗李豫之女升平公主，父子同班立朝，富贵无极。《老加官》画眉须尽白，怀抱如意的老学士梁灏。梁灏72岁始于宋太宗雍熙二年（985年）登第进士，后累官至翰林学士。此图寓意老而求进，必定中取，如愿以偿。湖北老河口木版门神画中的《五桂联芳》，以五代时后周谏议大夫窦禹钧为形象。窦禹钧建义学，请名师教贫寒子弟读书。窦所生五子相继登科，故又名《五子登科》。绵竹又有《温凉盏》、《白鹦鹉》等与川剧有关的门神画，更受大众欢迎。门神画发展至此，不仅作新年门上装饰，且借历史故事劝人读书、办义塾、兴文化；勿害良善，勿庸碌一生；应建功立业，忠于国家。这些思想反映了当时社会的普遍意识：欲国泰民安、社会稳定，须读圣贤书，行仁义事。这种要求当然也有利于统治阶级。①

《鞭锏门神》　杨卫华 摄

门神《旗装门神》　（清）　四川绵竹

门童之含义，则多寓意吉祥，为的是使出入其间的人们见之则精神喜悦而欣慰。画师在体现人们喜闻乐见的祥瑞的手法上，或会意，或象征，或隐喻，或双关，或附会，或比拟，或谐音，使人见之便欣然领会。如画儿童手举琴、棋、书、画，象征着家庭文化高雅，生活闲适；画儿童举桂花一枝和一张弓在戏金蟾，是借其音义而组成“蟾宫折桂”之吉意；又如，以荷花、拍板、葫芦、渔鼓、花篮、宝剑、笛子、芭蕉扇组成“暗八仙”（即传说中“八仙”所持之法器），以象征“群仙祝寿”；画圆轮、海螺、宝伞、华盖、牡丹、彩罐、双鱼、盘长八物转绕门童做边饰，谐音读作“绫罗苫盖，华冠羽裳”，是富贵荣华之象征。门童画反映了我国人民祈求子孙绵长、幸福吉祥的心理。②

另外，清代还出现了很多旗装门神画。

① 王树村：《中国民间门神艺术史话》，117 页，北京，百花文艺出版社，2008。

② 王树村、王海霞：《年画》，166 页，杭州，浙江人民出版社，2005。

第三章

门神的故事与传说

神荼、郁垒的故事

东汉应劭的《风俗通义》引《黄帝书》说："谨按黄帝书，上古之时，有神荼与郁垒昆弟二人，性能执鬼，度朔山上，章桃树下检阅百鬼，无道理，妄为人祸害（鬼），荼与郁垒缚以苇索，执以食虎。于是县官常以腊夕饰桃人，垂苇茭，画虎于门，皆追效于前事，冀以卫凶也。"意思是上古的时候，有神荼、郁垒两兄弟，善于捉鬼。他们住在度朔山上。山上有一棵桃树，树荫如盖。他们便在这树下检阅百鬼。如果有恶鬼为害人间，便将其绑了喂老虎。后来，人们便用两块桃木板画上神荼、郁垒的画像，挂在门的两边用来驱鬼避邪。蔡邕的《独断》也说，海中有度朔之山，山上有桃木，枝叶茂盛，盘根错节，树冠蟠曲覆盖三千余里，在树枝东北有鬼门，是万鬼出入必经的门户。神荼、郁垒居其门，见到害人之鬼就用苇索绑了喂老虎。因此，汉代人每到除夕，就削桃木刻神荼、郁垒的形象立于门上以御凶。

《论衡·乱龙篇》也讲到这两个门神：

"上古之人，有神荼、郁垒者，昆弟二人，性能执鬼，居东海度朔山上，立桃树下，简阅百鬼。鬼无道理，妄为人祸，神荼与郁垒缚以卢索，执制食虎。故今县官斩桃为人，立之户侧，画虎之形，著之门阑。”

《钟馗夜游图》　明　戴进

关于神荼、郁垒的文献和相关的传说还有很多，但内容大致相同，由此可见，长期以来作为门神，他们在人们心目中的地位和作用基本是没有改变的。

赵公明与燃灯道人的故事

赵公明与燃灯道人在年画中往往成双成对出现，是一对门神。桃花坞年画、潍县年画、朱仙镇年画、东昌府年画等年画中，都有这一对门神。

此年画取材于神魔小说《封神演义》，具有浓厚的神话色彩，反映阐教与截教斗法的故事。燃灯道人和赵公明都是《封神演义》中的人物。燃灯道人站在姜子牙一方助武王伐纣；峨眉山道仙赵公明则站在闻太师一方，助商作战。

门神《燃灯道人、赵公明》　清　陕西汉中

纣王遣闻太师兵伐西岐，闻太师损兵折将，十分痛恨。他请来十位截教道友，摆下“十绝阵”。为破“十绝阵”，姜子牙请来阐教十二位道友，燃灯道人助姜子牙执掌符印，议破十阵之策。

燃灯道人接了帅印，连破六阵。闻太师不支，又请道友赵公明助战。赵公明伏黑虎为坐骑，用符印一道画在虎项上。那虎四足就起风云，霎时间来到成汤营。赵公明依靠宝器“缚龙索”、“定海珠”连连得胜。第一战会姜子牙，赵公明乘虎提鞭，子牙仗剑急架忙还。二兽相交，未及数合，公明祭鞭在空中，神光闪灼如电，气势惊人。子牙躲不及，被鞭打伤后心，死了。广成子用仙丹使姜子牙还魂。第二战赵公明将缚龙索祭起，把黄龙真人平空拿去。第三战用定海珠打伤五位上仙，连胜回营。

燃灯道人在肖升、曹宝的帮助下收了赵公明的宝贝。赵公明气冲斗牛，借来“金蛟剪”把燃灯道人的梅花鹿夹为两截。燃灯道人逃回芦蓬。西昆仑陆压散人向燃灯道人献计要降伏赵公明：

“陆压揭开花篮，取出一幅书，书写明白，上有符印口诀：‘……依此而用，可往岐山立一营；营内筑一台，扎一草人；人身上书‘赵公明’三字，头上一盏灯，足下一盏灯。脚步罡斗，书符结印焚化，一日三次拜礼，至二十一日之午时，贫道自来午时助你，公明自然绝也。’

姜子牙领命，前往岐山，暗调三千人马，又令南宫适、武吉前去安置。子牙后随军至岐山，南宫适筑起将台，安排停当，扎一草人，依方制度。子牙披发仗剑，脚步罡斗，书符结印，连拜数日，拜得那赵公明元神散而不归，——但神仙以元神为主，游八极，任逍遥，今一旦被子牙拜去，不觉昏沉，只是要睡。子牙在岐山拜了半月，赵公明越觉昏沉，睡而不省人事。

闻太师见赵公明只是酣睡，忙摆香案，亲自拈香，搜求八卦。发现是术士陆压将钉头七箭书，在西岐山要射杀赵公明，便令赵公明二位徒弟陈九公、姚少司去岐山，抢钉头七箭书。二人抢回钉头七箭书在回营路上被杨戬发现，杨戬设计变化为闻太师在中军帐坐定，骗得钉头七箭书，哪吒刺死姚少司，杨戬刺死了陈九公。

子牙在岐山拜了二十一日巳牌时分，陆压取出小小一张桑枝弓，三支桃枝箭，递与子牙。‘今日午时初刻，用此箭射之。’子牙曰：‘领命。’二人在帐中等至午时，子牙净手，拈弓，搭箭。陆压曰：‘先中左目。’子牙依命，先中左目。——这西岐山发箭射草人，成汤营里赵公明大叫一声，把左眼闭了。闻太师心如刀割，一把抱住公明，泪流满面，哭声甚惨。子牙在岐山，二箭射右目，三箭劈心一箭，三箭射了草人。——公明死于成汤营里。”

后来姜子牙奉元始天尊之命按玉符金册封神，在敕封阵亡忠魂时，封赵公明为“金龙如意正一龙虎玄坛真君”，职责是专司金银财宝，迎祥纳福。一道游魂被敕封为专管迎福纳祥的真神，率领招宝天尊萧升、纳珍天尊曹宝、招财使者陈九公、利市仙官姚迩益，统管人间一切财富。他的四个部下的职责都与财有关。赵公明司财，能使人宜利和合、发家致富，这正符合世人求财的愿望，所以成为民间广泛敬祀的武财神。

燃灯和赵公明是各为其主的两个对头，为何画作一对门神？一说是二人斗法能镇邪。还有一个说法是：燃灯是佛，保佑众生；赵公明是神，主除瘟剪疟，保病禳灾。道释两家的圣人把门护宅，自然安全无恙。

中国传统哲学讲究对立统一，选这对人物作门神，使冤家聚首，相互监督，同守门户。在传统年画的门神中，孙膑与庞涓等门神“搭档”，也属于这种情况，是矛盾中的对立统一哲学观的影射。

孙膑与庞涓的故事

东周列国有一对名人孙膑和庞涓，同从鬼谷子学兵法。后来庞涓当了魏国的将军，他忌妒孙膑才能过己，就把孙膑诓骗到魏国，在魏惠王面前巧言诬陷，使孙膑遭受膑刑。庞涓以为，受刑后的孙膑成了一个残疾人，他纵有天大的本事，也难以和自己较量。孙膑发现原来是庞涓在陷害他，只有想办法脱离虎口，再图报仇雪恨。

江苏省保险公司门前的守门石兽　杨卫华 摄

在齐国使臣的帮助下，孙膑逃离魏国，到齐国做了大将田忌门下的宾客。

有一次，孙膑观看田忌和齐威王及诸公子赛马，他们的马各分上、中、下三等，对等竞赛，田忌的每一等马都比齐威王的差一些，结果比下来三场全输。孙膑就对田忌说："你尽量多下赌注，我能让你得胜。"比赛又开始了，他建议田忌用下等马和对方的上等马比赛，先主动输掉一局，然后用上等马和对方的中等马比赛，用中等马和对方的下等马比赛。田忌采用孙膑的建议，结果负一局，胜两局，赢得了千金。一向取胜的齐威王这次输了，大感惊讶，忙问田忌是何原因。田忌把孙膑找来，借机推荐给齐威王。齐威王询问兵法，孙膑对答如流，分析深刻。齐威王感到孙膑其人确实不简单，从此以"先生"相称，把他作为老师看待。

公元前353年，魏国围攻赵国都城邯郸。赵国向齐国求救。齐威王欲派孙膑为大将，率兵援赵。孙膑辞谢说："我是受过刑的残疾人，带兵为将多有不便，还是请田大夫为将，我从旁出出主意吧！"齐威王想想也好，就拜田忌为大将，孙膑为军师，发兵八万，前往救赵。田忌准备率军到赵国去。孙膑认为魏国全力攻赵，国内空虚，应当直接进攻魏国的都城大梁（今河南开封），魏国必然回军自救，邯郸的围困就自然解除了。田忌采用了孙膑的战略，当魏将庞涓赶回应战时，在桂陵（今河南长垣西北）设伏袭击，大败魏军，解除了邯郸之围。主将庞涓也被活捉。到头来，魏国只好同齐国议和，乖乖地归还了邯郸。这就是历史上有名的“围魏救赵”之战，也是孙膑对庞涓的重重一击。但孙膑并没有杀庞涓，只是训导他一番，又将他放了。

公元前342年，魏国又派庞涓为将，带领十万大军、一千辆兵车，分三路进攻韩国。韩国形势危急，急忙向齐国求救。齐威王召集群臣商讨对策，孙膑认为魏国以强凌弱，如果韩国被攻陷，肯定对齐国不利，因此不能见死不救。但是，魏国气势正盛，如果匆忙出兵，将替人受过，受到魏国的猛烈打击。因此，可以先答应韩国的请求，使他们知道将有援兵，韩国必然全力抗击入侵的魏军；到魏军经过激烈拼杀，疲惫不堪时，齐国再出兵，既可以拯救危难之中的韩国，又可以用力少而见功多，取胜易而受益大。齐威王十分赞赏孙膑的谏议，当即采纳。第二年，当魏韩两军交战激烈，双方实力大大削弱的时候，齐威王决定派田忌和孙膑领兵出战，孙膑仍采用过去的战略，不去救韩，直接攻魏。庞涓被迫放弃攻韩，赶回迎战。孙膑认为魏国素来剽悍勇猛，轻视齐军，决定利用他们这种心理，诱敌取胜。于是，齐军假装怯战，向后退却，并采取逐日减灶的办法，迷惑敌人。庞涓追击齐军，到齐军扎过营的地方，发现三天中齐军的炉灶减少了一大半。他认为齐军已逃亡过半，非常高兴。孙膑估计庞涓晚上可到马陵（今河南范县西南），就在这里设下埋伏，在道旁树上写了“庞涓死于此树之下”八个字，命令伏兵看到火光就一齐放箭出击。庞涓果然在晚上进入马陵道。他见树上有字，举火看字，还没有看完，齐军已万弩齐发，箭如雨下。猝不及防的魏军死伤无数，

门神《太岁神　姜太公》　（清）　宿县

乱成一团。庞涓身负重伤，知道败局已定，拔出佩剑自杀了。十万魏军全部被歼，齐军大获全胜。这就是著名的“马陵之战”。

孙膑与庞涓之间的恩怨史事，经《孙庞演义》添枝加叶，演绎出孙膑和庞涓斗法的故事。比试高低之时，孙膑摇身变做门闩。门闩系锁门闭户的关键，也就成了孙膑与门神之间的纽带。汉中地区的门神画，孙膑骑牛，一手举令旗，一手抱拐杖，形残而神威在。而与孙膑配对的，则是骑马舞刀的庞涓。

伍子胥与赵云的故事

伍子胥是春秋末期吴国大夫，军事家、谋略家。名员，字子胥。楚国人。青少年时，即好文习武，勇而多谋。周景王二十三年（前522年），因遭楚太子少傅费无忌陷害，父、兄为楚平王所杀，被迫出逃吴国，发誓必倾覆楚国，以报杀亲之仇。伍子胥只身逃到吴国，被吴国公子光（即吴王阖闾）收留，并得到重用。伍子胥辅佐吴王阖闾修法制以任贤能，奖农商以实仓廪，治城郭以设守备；又举荐深通兵学的孙武为将，选练兵士，整军经武，使吴国成为东南地区的强国。根据吴与周边各国的强弱形势及利害关系，他与孙武等制定了先西破强楚，解除吴国最大威胁，继而南平越国以除心腹之患的争霸方略。此后数年间，吴军连年扰楚，迫楚军被动应战，疲于奔命，伺其实力大为削弱，即大举攻楚，长驱直入楚都郢，终成破楚之功。《吴越春秋》记载：“吴王入郢，止留。伍胥以不得昭王，乃掘平王之墓，出其尸，鞭之三百。左足践腹，右手抉其目，诮之曰：‘谁使汝用谗谀之口，杀我父兄，岂不冤哉！’”由于怀有强烈的个人复仇愿望，伍子胥掘开楚平王之墓，鞭尸三百。阖闾死后，伍子胥又协助吴王夫差打败了越国，越王勾践被吴国活捉，按伍子胥的意见，要吴王把勾践杀掉，以绝后患。吴王夫差为伯嚭所谗，不听联齐抗越的主张，于前484年赐死伍子胥，赠剑令他自尽。伍子胥十分愤恨，留下遗言，要家人于他死后把他的眼睛挖出，挂在东城门上，看越国军队怎么灭吴。后来吴国果然被越王勾践所灭，夫差羞于在阴间见到伍子胥，用白布蒙住双眼后举剑自尽。

赵云字子龙，常山真定（河北正定县）人。刘备帐下的五虎将之一。先属公孙瓒，公孙瓒遣他从刘备助田楷拒袁绍，就改从刘备，替刘备带领骑兵。从此跟随刘备，不论刘备颠沛困顿，终不相弃。当时刘备正处于危难之际，不仅没有一兵一卒，而且又与关羽、张飞失散。但是赵云却能与刘备肝胆相照，亲如手足。史书记载："先主与云同床眠卧。"

赵云一生追随刘备，忠心耿耿，舍生忘死。公元 208 年，曹操追击刘备，在当阳长坂刘备兵马大都抗不住曹军的冲击，四处溃散，刘备本人也抛弃妻子，仓皇南逃。而赵云却将自己性命置之度外，英勇无畏单枪匹马，冲锋陷阵救出阿斗，所到之处，威不可挡。曹操见了，赞叹道："真虎将也。"他"身抱弱子"，并"保护甘夫人"，于千军万马之中往来冲突，如入无人之境，最终令甘夫人母子安全，回到刘备身边，但赵云却向刘备哭拜谢罪，深以未能阻止刘备的糜夫人投井自杀为罪。

赵云面对赏赐，毫无恋意。公元 214 年，刘备攻取成都，好多人都建议将成都住宅和城外园地桑田分赐有功将士。但是赵云则从大局出发，提出反对意见，指出：当年霍去病因为匈奴未灭，不考虑自己的家事，当前国贼曹操还没有铲除，我们怎么可以贪图安逸呢？一定要等到天下都定，太平无事，我们再各返桑梓，归耕本土。何况现在益州人民刚刚遭受战火，战争创伤十分严重，我们还是应该把田宅全部归还给他们，让老百姓安居乐业，然后再向他们征收赋税和徭役，只有这样，他们才能真正心悦诚服。赵云之言从大处着眼，其远见卓识，非一般将军可比。

在关羽失荆州之后，刘备一时冲动，失去理智，要发倾国之兵讨伐东吴，夺回荆州，为关羽报仇。赵云从大局出发，看出这步棋极端错误，所以向刘备苦谏，力陈得失："国贼是曹操，非孙权，且先灭魏，则吴自服……不应置魏先与吴战，兵势一交，不可收拾也。"刘备不听，遂有兵败身亡之大变故。

赵云是智勇双全的大将，在汉中与曹操用兵时，因曹兵众多而被困，几至不敌。赵云竟大开营门诱敌入营，曹军见了不敢入营而退。刘备当时赞赵云空营拒敌时说："子龙一身都是胆。"孔明北征之时，考虑到他年事已高，恐稍有差误，动摇一世英名，所以不让他前往，但他说："大丈夫得死于疆场者，幸也。"担当前部先锋，雄风不减当年，连斩韩氏父子五将。后因病而死。死时，孔明跌足而哭曰："子龙身故，国家损一栋梁，吾去一臂也。"赵云有关羽之义，张飞之猛，马超之勇，又智谋超群，见识高远，是蜀国之栋梁。

门神《赵云》（清）山西新绛

明·洪楩编刊的《清平山堂话本》谓："宋真宗诏史官讲前代名臣外传，遂命驾幸武庙，侍臣张询随驾……张询奏曰：'伍子胥曾鞭王尸，赵云曾叱主母，此二人不堪入庙。'真宗曰：'此二人亦英杰也，可于门首享祭。'至今于武庙为把门将。"

关羽的故事

中国民间崇拜关羽，认为关羽是千古忠义的典型。关羽之义，既含兄弟义气，同时又忠于君国。许田射猎，曹操欺君罔上，他怒不可遏，拍马舞刀要杀曹贼，这是讲君国之义。"千里走单骑"、"过五关斩六将"、"斩蔡阳"等则表现出他对桃园结义的兄弟义气的忠诚。"挂印封金"是不为爵禄诱惑，"单刀赴会"讲他的大气凛然，“刮骨疗毒”讲他的坚忍，“秉烛夜读”讲他严于礼防。他的确做到了富贵不能淫、威武不能屈，重言诺，感恩遇，报知己。历代统治者也借用“忠孝节义”集于一身的关羽来教化人伦，以巩固其统治。

明清以前，孔夫子的文庙几乎遍及中国各地；但是明清以后，关老夫子的武庙后来居上，“中原有地皆修祀，故土无人不荐香”，遍布全国城市与乡村，其规模与数量超过孔夫子的文庙。关羽被尊为武圣人，人们对之奉若神明，列入神的地位。尤其在明、清时代，作为“武圣人”，与“文圣人”孔子并立，关帝庙又被称为“武庙”。关圣帝君成为“万能神”，司命禄，佑科举，治病消灾，驱避邪恶，巡察冥司，以至于招财进宝，庇商护贾，无所不能。

《关圣像》（明） 天启

关羽字云长，河东解人。年轻时因犯案逃到涿郡，那是刘备的家乡。刘备正好因为黄巾徒众作乱，而在家乡组织自卫队，关羽和张飞都投效在刘备左右。刘备与关张都情投意合，三人寝则同床，食则同桌，情若兄弟。论年龄也相若，以刘备居长，关羽居中，张飞为幼。关羽追随刘备不避艰险，非常忠心。为“匡复汉室”南征北战，灭董卓、破袁绍、战吕布、退曹操、守襄阳、定益州、督江陵，被封为前将军，屡建战功。

刘备在小沛战败，关羽由于寡不敌众在下邳被俘。经归曹的同乡人张辽晓劝，关羽才护送刘备妻妾二人一同投曹。曹操非常爱才，拜关羽为偏将军，要张辽劝他留在许都效命。关羽对张辽说：“吾极知曹公待我厚，然吾受刘将军厚恩，誓共生死，不可背之。吾终不可留，惟当立功以报曹公，乃去。”后来袁绍攻曹于白马，关羽助曹斩袁绍大将颜良，遂解白马之围。曹操察觉关羽无久留之意，便用大量金银珠宝、高官、美女来收买，但关羽丝毫不为钱财名利所动。当关羽得知刘备在袁绍处，立即封金挂印，过五关斩六将去寻刘备。曹操的左右要追，曹操说：“彼各为其主，勿追也。”

当鲁肃为替东吴争荆州土地时，曾在湖南益阳设宴，关羽单刀赴会，毫无惧色。还令部众伸“夫土地者，惟有德者居之”之义。曹操联合孙权共取荆州。刘备拜关羽为“前将军”，都督荆襄郡事，令取樊城。关羽分荆州之兵攻取樊城，不幸中吕蒙计，痛失荆州，夜走麦城，兵败被擒，为吴将潘璋击杀，关羽子关平同时殉难。

关公成为忠、义、仁、智、信、礼、勇的化身，当他大义归天后，人们为了表示对他的崇敬与思念，先敬牌位，渐升为拜画像，盖庙，成为中国封建社会后期上至帝王、将、相，下至士、农、工、商广泛顶礼膜拜的神圣偶像，称之为关圣帝君、关公、关老爷、关帝爷、帝君、帝君爷、武圣、武圣帝君、文衡圣帝、关夫子、帝爷公、崇圣真君、协天大帝、三界伏魔大帝、关恩公、恩主公、关壮缪等。关庙有许多称颂关公忠义精神的楹联：

“精忠贯日月，大义薄云天。”

“彻底一忠，耿耿乎生死不相背负；横绝千古，洋洋哉云天常著英灵。”

“英雄有几称夫子，忠义惟公号帝君。”

“志在春秋，自昔尊王伸大义；身骑箕尾，于今配帝答孤忠。”

“天地一完人，文武才情忠义胆；古今几夫子，英雄面目圣贤心。”

“大义秉春秋，辅汉精忠悬日月；威灵存宇宙，干霄正气壮山河。”

旧时民间一般人家年前要贴关公门神年画，关公同时也是武财神，作为武财神的关公年画是贴在房正中的北墙上，处于家中最重要的位置。

萧何与韩信的故事

韩信是淮阴人。他小时候也读过书，后来父母双亡，一向很穷苦。他只知道用功读书，练习武艺，又不会做买卖谋生，只好常到熟人家混饭吃，弄得很多人都讨厌他。

他跟下乡县南昌的一个亭长有点交情，就住在亭长家里，住了几个月，人家就冷淡起来了，于是他就离开了亭长家。

秦朝末年，天下大乱，韩信投奔到起义将领项梁麾下，始终默默无闻。项梁垮台后，他又投奔了项羽。项羽任他为郎中，其间多次为项羽出谋划策，都没有被采用。汉王刘邦入蜀，他便改换门庭，逃离楚军，加入汉军。在汉军中他仍旧不受重视，当了个称作“连敖”的芝麻官。他在任中，因为犯法而被定了死罪，同案犯十三人都被砍了头，轮到杀他时，他抬头看到执法的滕公，便高声叫道：“大王不是要夺天下吗？为什么还要杀壮士？”滕公听了很感惊奇，又看他相貌不俗，便释放了他。经过一番交谈，滕公觉得他是个人才，就兴奋地报告了汉王刘邦。刘邦并没看出韩信有什么出众之处，但还是让他当了个治粟都尉。

后来，萧何与韩信接触了几次，交谈之间觉得他不同凡响。那时汉军中有不少军官开了小差，韩信认为萧何在刘邦面前已经为他说了几次好话，而刘邦仍然不重用，他也就开小差了。萧何听说韩信离去，慌得来不及奏明刘邦，就亲自前去追赶。

下人不明原因，连忙报告刘邦说：“丞相萧何逃亡。”刘邦立时怒火攻心，觉得好像掉了左右手似的。过了一两天，萧何回来谒见刘邦，刘邦又怒又喜，骂道：“你这个家伙为什么逃跑？”萧何说：“为臣怎么敢逃跑，为臣是去追赶逃跑的军官。”刘邦道：“逃亡的军官有几十个，你谁都不追，却偏偏追韩信。这分明是说谎!”萧何解释道：“那些军官都容易得，至于韩信这样的人才，那可是天下无双。大王如果打算长期在汉中称王，韩信就没什么用处，如果打算夺取天下，除了韩信就没有谁可以共商大计。”刘邦答应用韩信为将，萧何说必用为上将方可，且必须谨慎授命。刘邦乃择日斋戒，设坛具礼，拜韩信为上将军。

韩信以项羽帐下执戟卫士的低微身份，几年内登坛拜将，屡建奇勋，终至成为左右楚汉战争的一方诸侯。他的谋士蒯通以“略不世出”来赞誉这位叱咤风云的军事人物。

汉高祖五年（公元前202年）十二月，楚汉两军在垓下（今安徽灵璧南）展开决战。刘邦以韩信为主将，统一指挥各路大军。项羽指挥十万楚军，从正面向汉军阵地猛攻。韩信采用典型的侧翼攻击战法，令汉军中军稍稍后退，避开楚军锐气，而将两翼展开，实行侧击，然后再令中军推进，一下子完成了合围。入夜，韩信令汉军四面唱起楚歌，终使楚军丧失斗志，被汉军一举聚歼于垓下。项羽眼见大势已去，慷慨自刎于乌江边。历时五年的楚汉战争以汉王刘邦夺得天下而告终。

《秦叔宝、尉迟恭》（门神）（清中叶）四川绵竹

韩信的绝世军功和才华终于招来了杀身之祸。汉高祖十一年

（公元前196年），吕后和萧何诱骗韩信至长乐宫的钟室，以谋反罪名杀了他。当初是萧何月夜追韩信，使他成就了大业；而现在，同样是萧何用计要了韩信的命。这就叫做“成亦萧何，败亦萧何”。

马武与铫期的故事

马武（前15—61年），字子张，南阳湖阳人，位列东汉“云台二十八将”居中。

马武和铫期是民间传说和戏曲中最为人民青睐的东汉大将。传说中的马武疾恶如仇、重情重义，与初唐名将尉迟敬德有几分相似。两人都是黑脸，都使金鞭，都被后人敬为门神，马武和铫期被敬为门神主要是因为二人都是忠臣义士，受到后人的敬重。马武和铫期的故事主要体现在潮剧《马武捶金砖》和京剧《打金砖》里。马武为救铫期，不惧皇权，大闹宫门。

《马武捶金砖》是潮剧传统剧目，讲述的是东汉光武帝刘秀宠爱妃子，沉湎酒色，妃父太师穷凶极恶，被大臣铫期之子铫刚打死。妃谎奏自己被铫期调戏，刘秀不察，欲斩铫期。马武愤慨之余，携钢鞭闯宫评理。刘秀下旨紧闭宫门，马武抡鞭敲打宫门，鞭断，忆起师父嘱言：“鞭在人在，鞭断人亡。”一时百感交集，挖宫墙金砖击宫门，诉说昔日追随刘秀往事，痛斥刘秀，后捶击自己脑部，身亡。马武至死犹手举金砖，怒目而立。刘秀见状既悔且惭，急赦铫期，哭拜马武。

《打金砖》是京剧的传统剧目，与《马武捶金砖》的剧情相似。说的是东汉年间，开国功臣铫期之子铫刚因功被封为千南王，御赐插花披红跨马游街。国舅郭荣与铫期父子不和，心生不忿，在府门前拦下铫刚羞辱，被莽撞不羁的铫刚一剑劈死。铫期惊闻祸事，急忙绑子上殿请罪。汉光武帝刘秀感念铫家忠诚，以“铫不反汉，汉不斩铫”为由赦免铫刚死罪，只判他充军发配。铫期伤痛独子远去，又恐刘秀追究，遂再三请辞还乡。刘秀以旧日布衣之情力挽，还答应戒酒百日以作警惕。西宫郭妃怀恨铫家杀父，在后宫用计破刘秀酒戒，趁刘秀酒醉传唤铫期前来加以陷害。刘秀不察，铫期被诬以非礼之罪被郭妃推出问斩。护国军师邓禹欲救铫期，慌忙携三道本章进宫启奏，可一一都被郭妃阻拦递不进去，无奈之下只得找王爷马武告急。耿直的马武一听气坏了，直闯后宫大闹，把刘秀吓至酒醒并赦去铫期之罪。可惜马武迟来一步，未及领旨赶至法场，铫期已人头落地。刘秀悲痛自己枉杀功臣，神志恍惚之下，竟然怪罪邓禹未来劝阻，将其贬为庶民。邓禹不堪受辱，愤极碰死在殿前。刘秀仍不觉悟，惶窘中将一众大臣俱斩尽杀绝。马武见昏王无道，摘下铺金殿的金砖追打刘秀，大太监护驾将他阻挡于宫门外，马武气极用金砖自击身亡。此刻刘秀终于清醒过来，可惜为时已晚，只得戮奸妃后再到太庙祭祖谢罪。太庙中刘秀见众大臣冤魂向他索命，惶恐万分，最后见马武冤魂持金砖打他，惊惧下自己摔跌身亡。

历史上的马武是黑道出身，后来加入了绿林军。以后刘秀在河北平服王郎时，被皇帝任命马武为振威将军，跟从尚书令谢躬协助刘秀共击王郎。刘秀攻克邯郸后想解除谢躬的兵权，于是摆下鸿门宴，请谢躬和马武等人去置酒高会，想要乘机图谋谢躬，但由于当时马武就坐在谢躬身边，刘秀手下都不敢动手。于是刘秀单独与马武登丛台，从容对马武说："吾得渔阳、上谷突骑，欲令将军将之，何如?"马武谦虚地说："驽怯无方略。"刘秀说："将军久将习兵，岂与我掾史同哉!"（《后汉书·马武列传》）刘秀能把自己最精锐的骑兵让马武统领，很让马武感激，此时马武已心归刘秀。

刘秀很喜欢马武这样的勇将，经常让他陪伴左右。马武参与了镇压河北尤来、五幡等起义军的战役。当刘秀败于慎水时，马武独自断后，攻击追兵，使义军不能追击光武。后攻击安次、小广阳，马武常为先锋，力战于前，诸将皆率军跟随，大破义军，马武率军追至平谷、浚靡而还。

马武打仗确实挺厉害，有书记载其善使用盾牌："马武部下有弁目数十人，皆擅盾牌，每战辄先躯，冲锋陷阵，所向无敌。矢石如雨，不能伤其毫发，大小数十战，累建奇功。"

马武身经百战，一生戎马。直到汉明帝刘庄时，仍未卸甲。当时西羌攻击陇右，公元58年，朝廷命马武率王丰、窦固等人领四万人前去平定。在金城与羌人交战，斩首600级。又在洛都谷与羌人交战，结果被羌人所败，死千余人。羌人率众出塞，马武率军追击到东、西邯，大破羌人，斩首4600级，俘1600人，余众皆降散。

当时的马武已经是年过七十的老人了。

光武帝晚年时，仍活在他身边的功臣已经不多了。有一次光武帝与功臣诸侯亲切交谈时说："诸位如果不是跟着我，你们说说你们会干什么。"高密侯邓禹先回答说："我小时候喜欢做学问，应该能当个文学博士教书先生吧。"光武帝说："仲华太谦虚了，凭你的本事当个功曹问题不大。"其余诸人依次回答，轮到马武时，马武说："我生性勇猛，可以在县里抓强盗，当个保安团长。"光武帝和他开玩笑说："你自己本身就是强盗，你不当贼就不错了，还抓贼呢？我看你能当个村长。"

另外，马武生性爱酒，阔达敢言。《后汉书·马武列传》中写道："时醉在御前面折同列，言其短长，无所避忌。帝故纵之，以为笑乐。"

永平四年（61年），马武去世。他是二十八宿中最后一个去世的。

铫期（？—34年），字次况，颍川郡郏县（今属禹州市）人。铫期身高八尺二寸，容貌绝异，矜严有威。其父铫猛，曾任桂阳太守。铫猛死，铫期服丧三年，乡里人敬其孝义，钦其为人，因爱重之。刘秀进军颍川郡时，听说铫期有志尚义，召他主管捕盗贼的事。他随刘秀经营河北，来到了蓟城（今北京市）。当时蓟城的豪强起兵响应王郎，刘秀见形势不妙，慌忙出走，由于很多百姓在大街上看热闹，人马不能通过，急切中，铫期骑马执戟，瞋目怒视，大喊“跸!”（即：戒严。就是叫人回避让路的意思，这个字是皇帝出行时候专用的，而刘秀此时还不是皇帝，铫期提前就用上了）于是众人望风逃散，刘秀等人攻城得出。

在消灭王郎势力的战役中，铫期跟随刘秀身先士卒，冲锋陷阵，手杀五十余人。额部受创，整冠再战，士卒亦皆奋勇当先，遂大破王郎军。后来又随刘秀袭击青犊、赤眉军于河内郡之射犬（今沁阳市境内）。农民军夺取铫期所部辎重，铫期率兵反击，手刃数十人，自己也三处受伤，但仍然奋力苦战，终于击败了农民军。在刘秀攻取河北的历次战役中，他立下了汗马功劳。

刘秀即位后，封铫期为安成侯，食邑五千户。当时魏郡形势很不稳定，光武乃以铫期为魏郡太守，行大将军事，负责处理有关重大问题。此后，东汉朝廷在魏郡的统治日益稳定。建武五年（公元29年），光武驾临魏郡。以魏郡局势已基本稳定，调铫期回朝廷到洛阳担任太中大夫之职。不久，又调任管辖宫廷禁卫军的卫尉卿。建武十年（公元34年），铫期病故，光武亲临治丧，谥为忠侯。范晔《后汉书》称铫期：“重于信义，自为将，有所降下，未尝虏掠。乃在朝廷，忧国爱主。其有不得于心，必犯颜谏诤。”给予了很高的评价。铫期和马武，都是民间传说和戏曲中最为人民青睐的东汉大将，在民间传说中一起当了门神。

《钟馗》 杨卫华 摄

马超与马岱的故事

马超（176—222 年），字孟起，扶风茂陵（今陕西兴平）人，三国时期蜀汉大将。因长相非凡，穿着讲究，被称为“锦马超”。马超出身名门望族，其父马腾，字寿成，汉伏波将军马援之后。

起初，曹操任丞相，征召马腾长子马超为掾属，被马超拒绝。后来，马超任司隶校尉督军从事，率军征讨郭援。战斗中，马超腿部被流箭射中。马超用布袋裹住腿伤，继续指挥作战，打败郭援并斩其头。于是朝廷下令进封马超为徐州刺史，不久又调任为谏议大夫。以后，马超父马腾调任京师，朝廷下诏任马超为偏将军，统领马腾旧部。

马超统率大军后，便马上与韩遂、杨秋、李堪、成宜等联合起来，进军到潼关（今属陕西）与曹军对峙。阵前，曹操单骑分别与韩遂、马超对话。马超原本打算仗着自己威武有力，上前突袭捉住曹操，怎奈曹操亲随勇将许褚怒目顾视着马超的举动，因此不敢行动。借此机会，曹操采用谋臣贾诩的计策，通过阵前对话离间马超与韩遂的关系，引起二者之间的猜疑。于是联军关系破裂，马、韩军大败。

马超逃奔西北少数民族部落。曹操追赶到安定（治今甘肃镇原东南）时，恰遇北方发生变乱，曹操被迫率军东返。谋臣杨阜对曹操说：“马超有韩信、吕布之勇健，又得羌、胡等部落民心。假若大军东返，而又不严密守备，陇上（今甘肃一带）各郡将不会为国家所有。”后来，马超果然率少数民族部落进攻陇上各郡县，陇上各郡县羌、胡人都起而响应。于是马超率军斩杀凉州（治今甘肃张家川）刺史韦康，占据冀州（治今河北冀县）城，又拉起队伍来。建安十九年（214 年），听说刘备将刘璋包围于成都，马超秘密派人联络投顺。

《典略》中说：刘备听到马超要投奔他后，高兴地说，我这次就可以得到益州了。于是派人接应马超，并且派兵给马超。马超到成都后，领军驻扎到城北，结果不到十天成都就投降了。于是刘备表奏马超为平西将军，守卫阳平关，爵位仍旧沿用前面朝廷所封的都亭侯。建安二十四年（219 年），刘备自立为汉中王，进封马超为左将军，授节制之权。马超于章武二年（222 年）卒，时四十七岁。（刘禅时）追谥马超为“威侯”。

马超智勇双全，历史小说《三国演义》第五十八回讲述了“曹操遇马超——割须弃袍”的故事。

故事说的是钟繇退守潼关，急忙送信给曹操。曹操知道丢失了长安，心中十分焦急，便叫来曹洪、徐晃，说：“你二人先带一万人马，代替钟繇守住潼关。如 10 日内失掉了潼关，就按军法杀了你们；10 日之外，与你二人没有关系。我统率大军随后便到。”二人领了将令，星夜急行。曹仁提醒曹操说：“曹洪性情暴躁，恐怕会耽误大事。”曹操说：“你给我押送粮草，便随后接应。”

曹洪、徐晃到了潼关，代替钟繇坚守关隘，并不出战。马超领兵来到关下，痛骂曹家三代人。曹洪大怒，要领兵下关厮杀。徐晃阻挡说：“这是马超要激怒将军厮杀，切不可出战。等丞相大军到来，必定会有办法。”马超军队日夜轮流来骂。曹洪总是要下关打仗，徐晃苦口婆心地劝他。到了第九日，在关上看时，西凉军都放开战马，稀稀落落地在草地上坐着；许多困乏的军士，在地上睡懒觉。看到这种情景，曹洪便叫备马，带领三千兵杀下关来，西凉兵弃马抛戈逃跑了。曹洪奋勇追赶，很是得意。这时，徐晃正在关上查点粮草，听说曹洪下关厮杀，大吃一惊，急忙率军随后赶来，大叫曹洪收兵。忽然背后喊声震天，马岱领兵杀来，曹洪、徐晃急回走时，只听鼓声阵阵，山背后又有两支军队挡住去路，左是马超，右是庞德，混杀了一阵。曹洪抵挡不住，损失一大半军队，才冲出重围，奔到关上。西凉军随后追来，曹洪等弃关逃走。庞德一直追过潼关，碰见曹仁兵马，救了曹洪等。马超接应庞德上了潼关。

曹洪丢失了潼关，奔来拜见曹操。曹操说："给你10日期限，为什么9日就丢了潼关？"曹洪说："西凉军士，百般辱骂，实在令人难以忍受。后来又看见西凉军懈怠，便乘机袭击，不想中了奸计。"曹操说："曹洪年幼，性格暴躁，你徐晃应该劝说他才好。"徐晃说："我屡次劝说他，他却不愿意听。那天我在关上查点粮草，等我知道时，小将军已领兵下关了。我恐怕他遭到敌军袭击，便连忙赶去，已中了贼兵奸计。"曹操大怒，命令杀曹洪。众官为曹洪求情，才免于一死。

绵竹年画《立锤》　陈刚　杨卫华 摄

曹操率军直逼潼关。曹仁说："可先安下寨栅，然后打关也不晚。"曹操命令砍伐树木，立起排栅，分为三寨：左寨曹仁，右寨夏侯渊，曹操居中寨。第二天，曹操带领三寨大小将校，向潼关杀来，正巧遇上西凉兵马。两边都布下阵势。曹操出马立在门旗下，看那西凉兵士，人人勇健，个个英雄。又见马超生得面像敷着粉，唇像抹了红；腰细膀宽，声雄力猛；白袍银铠，手执长枪，立马阵前；上首庞德，下首马岱。曹操暗暗称奇，自己拍马上前，对马超说："你是汉朝名将子孙，为什么要背叛朝廷？"马超咬牙切齿，大骂："曹贼！你欺负皇上，罪恶深重，杀害我的父亲和弟弟，不共戴天之仇！我要活捉你，吃你的肉！"说完，挺枪直杀过来。曹操背后于禁出迎。两马交战，斗了八九回合，于禁败走。张郃出迎，战了20回

《马超　马岱》（清）　河南开封

合也败走。李通出迎，马超奋勇厮杀，数回合当中，一枪把李通刺下马。马超把枪往后一招，西凉兵一齐冲杀过来。曹军大败。西凉兵来势凶猛，曹军将士都抵挡不住，只听得西凉军大叫："穿红袍的是曹操！"曹操就马上急脱下红袍。又听得大叫："长胡子的是曹操！"曹操惊慌，拿着佩刀马上割了胡子。军中有人把曹操割胡子的事，告诉了马超。马超又叫人大喊："短胡子的是曹操！"曹操听见喊声，立即扯起衣角包着下巴逃跑。

潼关一战为马超留下美名："潼关战败望风逃，孟德仓惶脱锦袍；剑割髭髯应丧胆，马超声价盖天高。"

马岱是马超的堂弟，蜀汉中后期的重要将领。早年他曾经从曹操手中死里逃生，后跟随马超大战曹操。建安十九年（214 年），马岱随马超归附刘备，马超在临死前上书给刘备说："我家宗族二百多口人，被曹操全杀尽了，只剩下了堂弟马岱，就以他当成我宗族血食的后继人吧，我将他托付给陛下了。别的就没什么了。"马岱后来跟随丞相诸葛亮南征孟获和北伐曹魏，久经沙场，多负辛劳，作战冷静而勇猛，深得诸葛亮信任。诸葛亮临终授命于马岱，袭斩魏延，马岱成功完成任务。马岱后来官当到了平北将军，爵位封为陈仓（亭）侯。

绵竹年画《立锤》
陈刚　杨卫华 摄

河北一带供奉的门神是以马超、马岱兄弟俩为主。

秦叔宝与尉迟恭的故事

明代以来，民间流传最广的一对门神就是秦琼、尉迟恭。由于《隋唐演义》、《西游记》等小说在民间广泛流传，并被搬到戏剧舞台演出，“秦琼穷途卖马”等成为家喻户晓的戏目。秦叔宝还成为后世画门神的取样人物，和尉迟敬德一直到清代，都是民间神殿祠庙大门上所画的门神。从某种程度上讲，秦叔宝与尉迟恭已经成了中国门神的代名词。

秦尉门神的来历

清顾张思《土风录》谈到门神成因：“俗多用秦叔宝、尉迟敬德，盖本唐小说也。”

明刊本元无名氏《三教源流搜神大全》卷七《门神二将军》条中，记载秦叔宝和尉迟恭被奉为门神的来历：

按传唐太宗不豫，寝门外抛砖弄瓦，鬼魅呼号，三十六宫、七十二院，夜无宁静。太宗惧之，以告群臣，秦叔宝出班奏曰：“臣平生杀人如剖瓜，积尸如聚蚁，何惧魍魉乎！愿同胡敬德戎装立门以伺。”太宗可其奏，夜果无警。太宗嘉之，谓二人守夜无眠。太宗命画工图二人之像，全装手执玉斧，腰带鞭锏弓箭，怒发一如平时。悬于宫掖之左右门，邪祟以息。后世沿袭，遂永为门神。

《李世民列传》也记载，唐太宗李世民因噩梦致病，每逢深夜就听见鬼叫，不能入眠。大臣进言：派武将夜守宫门，必能驱逐魔鬼。于是太宗令大将秦叔宝和尉迟恭全副披挂，一个持锏、一个拿叉，昼夜站岗壮胆，宫中才得平静。有两位大将彻夜守护，太宗的病果然痊愈了。太宗大喜，但想将军守门不是长久之策，遂命画工把两位将军画像贴在门上，称之为“门神”。后来逐渐成为今天民间的

苏州人家门神　杨卫华 摄

"门神"。

从各种记载中可看出，秦叔宝和尉迟恭二位名将成为门神在百姓中广为流传，章回小说《西游记》对他们的宣传作用功不可没。

《西游记》中秦琼、尉迟恭成为门神的传说，见于第十回《老龙王拙计犯天条，魏丞相遗书托冥吏》。书说：泾河龙王为了和一个算卜先生打赌，结果犯了天条，罪该问斩。玉帝任命魏徵为监斩官。泾河龙王为求活命，向唐太宗求情。太宗答应了，到了斩龙的那个时辰，太宗便宣召魏徵与之对弈。没想到魏徵人陪着太宗下棋，魂灵升天，将龙王斩了。龙王抱怨唐太宗言而无信，日夜在宫外呼号讨命。太宗朦胧睡间，只见那泾河龙王，手提着一颗血淋淋的首级，扯住太宗，再三嚷闹不放，太宗钳口难言，只挣得汗流遍体。却说太宗苏醒回来，只叫："有鬼！有鬼！"慌得那三宫皇后，六院嫔妃，与近侍太监，战战兢兢，一夜无眠。不觉五更三点，那满朝文武百官，都在朝门外候朝。等到天明，犹不见临朝，唬得一个个惊惧踌躇。及日上三竿，方有旨意出来道："朕心不快，众官免朝。"

不觉倏五七日，众官忧惶，都正要撞门见驾问安，只见太后有旨，召医官入宫用药。众人在朝门等候讨信。少时，医官出来，众问何疾。医官道："皇上脉气不正，虚而又数，狂言见鬼；又诊得十动一代，五脏无气，恐不讳只在七日之内矣。"众官闻言，大惊失色。

正仓皇间，又听得太宗有旨宣徐茂公、护国公、尉迟公见驾。三公奉旨，急入到分宫楼下。拜毕，太宗正色强言道："贤卿，寡人十九岁领兵，南征北伐，东挡西除，苦历数载，更不曾见半点邪祟，今日却反见鬼!”尉迟公道:“创立江山,杀人无数,何怕鬼乎?”太宗道:“卿是不信,朕这寝宫门外,入夜就抛砖弄瓦,鬼魅呼号,着然难处。白日犹可,昏夜难禁。”叔宝道:“陛下宽心,今晚臣与敬德把守宫门,看有甚么鬼祟。”太宗准奏。茂公谢恩而出。当日天晚,各取披挂,他两个介胄整齐,执金瓜钺斧,在宫门外把守。好将军!你看他怎生打扮:

头戴金盔光烁烁,身披铠甲龙鳞,护心宝镜幌祥云,狮蛮收紧扣,绣带彩霞新。这一个凤眼朝天星斗怕,那一个环眼映电月光浮。他本是英雄豪杰旧勋臣,只落得千年称户尉,万古作门神。

《门神》 杨卫华 摄

二将军侍立门旁,一夜天晚,更不曾见一点邪祟。是夜,太宗在宫,安寝无事,晓来宣二将军,重重赏劳道:“朕自得疾,数日不能得睡,今夜仗二将军威势甚安。卿且请出安息安息,待晚间再一护卫。”二将谢恩而出。遂此二三夜把守俱安。只是御膳减损,病转觉重,太宗又不忍二将辛苦,又宣叔宝、敬德与杜、房诸公入宫,吩咐道:“这两日朕虽得安,却只难为秦、胡二将军彻夜辛苦。朕欲召巧手丹青,传二将真容,贴于门上,免得劳他,如何?”众臣即依旨,选两个会写真的,着胡、秦二公,依前披挂,照样画了,贴在门上,夜间也即无事。以画代人,也能管用。于是,后人相沿这两员大将便成为千家万户的守门神了。

历史中的秦琼

秦琼的生年不详,卒于638年,字叔宝,齐州历城(今山东济南)人。唐朝开国将领,凌烟阁二十四功臣之一。据传说其先世乃北齐将领，门庭荣显。北周灭齐时其父殉难。隋朝时，秦氏家族曾一度中落，沦为庶族。秦琼少有壮志，崇尚武力，喜好弓马，最初在隋炀帝的大将来护儿麾下做侍从小军官。来护儿是炀帝征高丽立功的大将，很看重这小军官。《旧唐书》记载，有一年，秦琼的母亲去世了，来将军特别遣专人前去吊祭，并赠厚礼。来部军吏闲言："士卒死亡及遭父母丧者甚多，将军未必降唁，独吊叔宝母丧，未知其故。"来将军说："此人勇悍，且有志气，讲究义节，将来必定会自取功名，岂可以他军职低而小看了他。"

炀帝大业十年（614 年），秦琼在隋齐郡（济南）通守（副太守）张须陀麾下为校尉，当时，张须陀在下邳与农民起义军首领卢明月对峙。卢明月至少拥有十万士兵，而张须陀的部队加上老弱病残也不过一万来人，双方力量对比悬殊。张须陀不敢轻进，两军相峙了十几天。卢明月的部队粮草充足，而张须陀的大营之内军粮空虚，已经到了难以为继、无米下锅的境地，如果此时坚持不住而撤军，卢明月必定会乘势追击。这样，张须陀的部队就面临着危机。张须陀认为危机中也蕴藏着一线生机，他说："敌人大规模出击的必然后果就是后方空虚，此时，如果选派精兵强将直捣敌营，一定会有出其不意的良好效果。敌人见自己的大营被捣，必然回兵救急，我们再反过来予以追击，绝对可以以少胜多，并且能让我们彻底解除迫在眉睫的危机！这项计谋确实很危险，哪位将军愿冒险担此重任？"

虽然主帅的主意高明，却没有一个人愿意冒这么大的风险去承担这一使命。唯有秦琼和罗士信请求接受这项艰巨的任务。于是，张须陀率众撤退，卢明月的士兵前来追赶。另外一条战线上，秦琼和他的一千名士兵打马如飞，以最快的速度冲进了敌人的后方大营。敌方营门紧闭，二人翻栅入营，打开营门，让自己的部队进入。秦琼所带的士兵以一当十，杀声震天，三下五除二就把留守的敌军给干掉了。同时又在敌军的帐篷内四处放火，顿时，敌军大营火光冲天。等卢明月掉转方向、回军救急之时，张须陀也杀了个回马枪，奋力攻打起义军。张须陀大获全胜，起义军损失惨重。卢明月只带了几百个骑兵逃走，剩下的都成为隋军的俘虏。从这以后，秦琼的勇气闻名遐迩。在之后的战斗中，秦琼慓悍的个性得以充分发挥，并且因战功卓著而屡被提升。

后来，张须陀在讨伐李密的战斗中，兵败身死。失去了主心骨的秦琼只好率领自己的残部投靠了张须陀的手下裴仁基。后来，秦琼又随同裴仁基投降了李密。秦琼为人忠心耿耿，深得李密的信任，不久就被李密任命为骠骑将军。

隋大业十三年（617年），李渊父子太原起兵。不久，隋炀帝在江都被隋将宇文化及弑杀，接着，宇文化及带兵北上，想一统天下。在黎阳童山，宇文化及和李密进行了一场大会战。作战当中，李密被流箭射中，坠于马下，昏迷不省人事。此时李密的左右随从早已被敌人打得落花流水，四处逃窜，昏迷的李密无人守卫，情况十分危急。多亏秦琼拼死相救，并集结散兵游勇，这才击退了凶悍的追兵，保住了李密一条性命。

李密失败，秦琼又为隋将王世充收得，被任命为龙骧大将军。在隋末英雄中，王世充无疑是一个佼佼者，他利口善辩，明晓法律，涉书传，且好兵法，但他致命的缺陷是为人狡诈，内心险恶。很显然，他的为人和秦琼完全不同。因此，虽然他对秦琼青睐有加，但秦琼一直心存异志。后来，秦琼抓住机会，与程咬金等人一起离开王世充，投靠了雄才大略的李世民。此后，秦琼跟随秦王李世民，破宋金刚，收降尉迟敬德，东征洛阳，擒窦建德，降王世充，每役皆与，都建殊勋。他为唐王朝的创建立下了汗马功劳，唐高祖李渊特遣使赐叔宝金瓶，慰劳他说："卿不顾妻小，远来投我，又立功勋，朕知卿每战皆负伤流血，朕实心痛，倘朕之血肉可供卿用者，朕不惜割以赐卿。区区子女玉帛劳卿，其弗却，勉之。"之后，秦琼又因战功，多次受到奖赏，先后被任命为秦王右统军，加授上柱国，后又晋封为翼国公。秦琼跟随李世民作战，每战奋勇，动辄可在万众中，刺敌之好炫耀兵马者，深得李世民的器重。玄武门之变时，秦琼旗帜鲜明，坚决站在李世民一边，与他一起诛杀了太子李建成和齐王李元吉，为李世民当太子、夺皇位扫清了道路。唐武德九年（626 年）六月，秦王李世民被立为太子；八月，李世民正式登基，秦琼被任命为左武卫大将军，并被赐予七百户的封邑。后来，秦琼这样总结自己的前半生：自幼戎马倥偬，转战南北，身经大战二百余次，光流的血也足足有几十斗之多。贞观十二年（638 年），秦琼因病去世。朝廷追赠他为徐州都督，改封他为胡国公，并让他陪葬昭陵，“太宗特令所司就其茔内立石人石马，以旌战阵之功焉”。“茔内立石人石马”是很高的规格，一般只用于皇家，可见李世民对于秦琼有多么青睐。在秦琼去世后的第五个年头，他的画像也上了表彰大功臣的凌烟阁，成为唐开国二十四功臣之一。

《扬鞭锏》（门神二幅）　（清）　四川绵竹

历史中的尉迟恭

尉迟恭，生于 585 年，卒于 658 年，字敬德，朔州善阳人。隋朝大业末年，尉迟敬德在高阳从军，时隋炀帝杨广统治残暴，骄奢荒淫，爆发了大规模的农民起义，尉迟敬德多次随军出征，以武勇称著，被授朝散大夫之职。

617 年，刘武周起兵反隋，成为隋北方地区最大的割据势力。他勾结突厥占马邑称帝，尉迟敬德和宋金刚一齐投刘武周。619 年，刘武周乘李渊去长安称帝，在突厥支持下举兵南下以扩展势力，连陷太原、汾阳、霍邑等重要城池，使唐行军统帅右仆射裴寂接连吃败仗。后来晋南夏县的民间领袖吕崇茂又起兵响应刘武周，隋将部属王行本，亦与宋金刚、吕崇茂相呼应，形势咄咄逼人，使关中震动。高祖李渊撤换裴寂，代之以秦王李世民。

620 年，李世民派殷开山、秦叔宝二将出马，与尉迟敬德鏖战于美良川，尉迟敬德大败，李世民发动攻势，终在吕州雀鼠谷消灭宋金刚主力，宋金刚与刘武周同逃去突厥。尉迟敬德被李世民围困在介休，李世民派人劝降，尉迟敬德因久慕世民的英武，与寻相降唐。

《执鞭门神》
（清初） 陕西汉中

李世民见尉迟敬德来降，非常高兴，让他继续统领旧部八千人，与诸营相参。李世民的过分信任引起唐军众将的不满，李世民行军元帅长史屈突通怕尉迟敬德会反复，多次向李世民提起此事，均被李世民拒绝。

不久，寻相和刘武周的一些旧将相继叛变逃走，唐朝诸将对尉迟敬德也怀疑起来，认为尉迟敬德必叛，就把他关押在军中。行台左仆射屈突通与尚书殷开山向李世民进言道："敬德初归国家，情志未附。此人勇健非常，絷之又久，既被猜贰，怨望必生。留之恐贻后悔，请即杀之。"李世民却说："寡人所见，有异于此。敬德若怀翻背之计，岂在寻相之后耶？"李世民当即释放尉迟敬德，引入内室，赐以金宝，并说："丈夫以意气相期，勿以小疑介意。寡人终不听谗言以害忠良，公宜体之。必应欲去，今以此物相资，表一时共事之情也。"（《旧唐书·尉迟敬德列传》）李世民这番话，使尉迟恭内心十分感动，从此对李世民效力终生。

不久，李世民率五百骑兵巡视战场，至魏宣武帝陵（洛阳北邙山上）时，被突然而至的王世充所率万余步骑兵包围。王世充骁将单雄信挺槊直逼李世民，在千钧一发之际，敬德跃马大呼，从斜刺里迅挑雄信下马，救了李世民。乘敌骑救雄信出阵时，尉迟敬德趁机护卫李世民杀出重围。随后尉迟敬德再率骑兵突入王世充军中，奋勇冲杀，如入无人之境。后屈突通率大队唐军赶到，王世充军始溃退。回营后世民对敬德说："将军何相报之速也！"赐敬德金银一箧，自后恩遇日隆。

尉迟敬德精通武艺，尤其有一个绝招：善于"解避槊"，即夺取敌槊反刺对方。每次单骑冲入敌阵，敌人持槊攒刺，都不能伤到尉迟敬德，而尉迟敬德常常夺取敌人之槊还刺敌军。当时齐王李元吉也善于使马槊，听说尉迟敬德的本领后，很不以为然，要求与尉迟敬德比武。比武前，李元吉命令部下将槊刃去掉，以竿相刺。尉迟敬德说："纵使加刃，终不能伤。请勿除之，敬德槊谨当却刃。"（《旧唐书·尉迟敬德列传》）两人交手后，李元吉多次以槊刃刺向尉迟敬德，都未能刺中。在一旁观战的李世民问："夺槊、避槊，何者难易？"尉迟敬德答道："夺槊难。"（《旧唐书·尉迟敬德列传》）于是李世民命尉迟恭夺李元吉之槊。李元吉执槊跃马，志在刺之，不料尉迟敬德片刻之间便三夺其槊。以后李世民擒窦建德，降王世充，讨刘黑闼，破徐圆朗，尉迟敬德每役皆与，积战功授秦王府左二副护军。

从太原起兵到统一全国过程中，李世民屡建奇勋，威望很高，并形成了以秦王府谋士和勇将为核心的实力雄厚的政治集团，对太子李建成构成严重威胁。李建成为保住太子地位及皇位继承权，与齐王李元吉结交，共同反对李世民。鉴于秦王府多骁将，李建成、李元吉欲收买诸将，以为己用。由于尉迟敬德是李世民手下大将，所以便先向尉迟敬德下手。李建成首先用高官厚禄收买尉迟敬德，派人对他说："愿迂长者之眷，敦布衣之交，幸副所望也。"并赠金银器物一车。但尉迟敬德不为所动，推辞道："敬德起自幽贱，逢遇隋亡，天下土崩，窜身无所，久沦逆地，罪不容诛。实荷秦王惠以生命，今又隶名籓邸，唯当以身报恩。于殿下无功，不敢谬当重赐。若私许殿下，便是二心，徇利忘忠，殿下亦何所用？"（《旧唐书·尉迟敬德列传》）李元吉见软的不行，便来硬的。派刺客去行刺尉迟敬德，尉迟敬德知道后，故意把几重门都大开，自己则安卧不动，刺客几次潜入尉迟敬德庭院内，反而不敢下手。尉迟敬德以正义之气，逼退刺客。

玄武门之变前夕，建成、元吉欲加害于世民，尉迟敬德知道后，便与长孙无忌一起劝李世民先发制人。尉迟敬德说："人情畏死，众人以死奉王，此天授也。若天与不取，反受其咎。虽存仁爱之小情，忘社稷之大计，祸至而不恐，将亡而自安，失人臣临难不避之节，乏先贤大义灭亲之事，非所闻也。以臣愚诚，请先诛之。王若不从，敬德言请奔逃亡命，不能交手受戮。且因败成功，明贤之高见；转祸为福，智士之先机。敬德今若逃亡，无忌亦欲同去。"（《旧唐书·尉迟敬德列传》）李世民仍然犹豫未决，尉迟敬德又说："王今处事有疑，非智；临难不决，非勇。王纵不从敬德言，请自决计，其如家国何？其如身命何？且在外勇士八百余人，今悉入宫，控弦被甲，事势已就，王何得辞！"（《旧唐书·尉迟敬德列传》）

李世民要再与房玄龄、杜如晦二人仔细商讨一下，于是便去召二人，但二人已被李渊赶出秦府，无皇命不得再辅佐世民，如有私下交接，将被诛灭。因此，二人不敢应召。李世民命尉迟敬德拿着自己的佩刀去见二人，并说："公且往，观其无来心，可并斩其首持来也。"（《旧唐书·尉迟敬德列传》）尉迟敬德知道房玄龄、杜如晦是李世民的重臣，对起事的成败起着很大的作用，于是便提刀逼房玄龄、杜如晦化装成道士重入秦王府参加密议。针对建成、元吉联合争夺皇位的情况，在群臣的参谋下，李世民发动玄武门之变。

武德九年（626 年）六月初四，玄武门兵变当日，李世民率尉迟敬德、侯君集、张公谨、刘师立、公孙武达、独孤彦云、杜君绰、郑仁泰、李孟尝等九将伏兵玄武门内。李建成、李元吉照例上朝，行至临湖殿感觉有变，慌忙掉马准备返回东宫和齐府。李世民从后面招呼他们，李元吉张弓即射，仓促间控弦不开，三射世民皆未中的。此时，尉迟敬德率七十骑赶至，左右箭射李元吉，李元吉中流矢坠马，逃入树林中。李世民纵马追赶，但衣服被树枝挂住，坠马落地。李元吉见状，立刻赶到，夺弓将扼杀李世民。在此危急时刻，又是尉迟敬德及时赶到，将李元吉射杀。这时，东宫、齐府叛军两千人赶来，猛攻玄武门，形势危急。关键时刻，尉迟敬德斩建成、元吉首级，提了血淋淋人头，向东宫齐府叛军招降，东宫、齐府士卒遂溃散。接着，尉迟敬德驰赴北海池，告知唐高祖李渊秦王已诛建成、元吉平乱消息，请高祖下令，令诸军皆属李世民指挥。李渊见大势已去，只得依从，至此，玄武门事变以李世民的全胜而告终。尉迟敬德居功至伟，李渊也称其："卿于国有安社稷之功。"（《旧唐书·尉迟敬德列传》）。玄武门事变后，有人主张应把太子和齐王府左右百余人尽皆诛除，而尉迟敬德坚决主张罪已及于二凶，不可再及其党羽，以安民心。这一举措迅速缓和了内部矛盾，同时还为李世民保留了魏徵那样的大批栋梁之才。在某种程度上甚至可以这样说：没有尉迟敬德，也就没有李世民，也就没有后来的大唐盛世。

《执铜门神》（门神）
（清初）　陕西汉中

唐太宗大封功臣，尉迟恭与长孙无忌在玄武门事变中功劳并列第一，各赐绢万匹。为了感谢尉迟敬德的救命之功，唐太宗将齐王府的全部财产都赐给了尉迟敬德；还拜尉迟敬德为右武侯大将军。唐太宗还曾对尉迟敬德说："朕欲以女妻卿，何如?”尉迟敬德叩谢道：“臣妻虽鄙陋，相与共贫贱久矣。臣虽不学，闻古人富不易妻，此非臣所愿也。”（《资治通鉴·卷第一百九十五》）唐太宗只好作罢。

658年12月25日，尉迟敬德在家中去世，享年74岁。唐高宗为此废朝三日，令在京五品以上官员都去参加吊唁。同时册赠尉迟敬德为司徒、并州都督，谥曰忠武，赐东园秘器。给班剑、羽葆、鼓吹，陪葬昭陵。

自追随李世民以来，尉迟敬德对主上尽忠义，从无二心，为其赴汤蹈火，在所不辞；惩凶逆识大体。凭借高超的武艺，多次冒险救李世民于危难之中，立下不世之功。在拒绝娶公主一事上，更显示出高贵的品质。正因如此，后人才将他作为门神，画图流传至今。

魏徵的故事

唐太宗李世民即位后，成就贞观之治。贞观的功臣很多，但其中最被后世史家赞誉的是大臣魏徵。他性情耿直，学识渊博，常敢在皇帝前犯颜直谏。魏徵去世时，太宗悼言：“夫以铜为镜，可以正衣冠；以古为镜，可以知兴替；以人为镜，可以明得失。朕常保此三镜，以防己过。今魏徵殂逝，遂亡一镜矣!”（《旧唐书·魏徵传》）魏徵在中国历史上，树立了谏官的典型，成为人君的一面镜子，时时把人君的缺点反映出来，使人君惕然而惊，于是发生立刻警戒的效果。

魏徵于太宗即位后，奉派去河南做安辑特使，许以便宜行事。那时朝廷已下令对建成、元吉旧党一律赦罪。魏徵与副使李桐客一行到相州（河南安阳），途遇州县解送故太子建成的旧属李志安，和齐王元吉的护军李思行去长安，魏徵觉得这和朝命不符，就对副使桐客说：“前东宫和齐府旧属皆已有赦令，今复任令锢送志安和思行，何能取信于人？且使我等此来意义尽失，这真是差之毫厘，失之千里。为公家之利，既知之，无不可为，我等宁冒本身之获罪，不可废国家大计。倘释放志安思行，不追其罪，则信义所感，无远弗届，河南北因此获安。自古以来，大夫出都门，只要有利社稷，专决而行，未尝不可。我等临行，主上曾许便宜行事，主上既以国士见待，岂可不以国士报之?”于是不待向朝廷请示就释放志安思行二人，然后上表陈经过。太宗接表，甚赞赏魏徵为朝廷立信之可贵。

《天官赐福》（清初） 北京

魏徵为人耿直，即使太宗盛怒之下，可能惹下杀身之祸，也敢于指摘其过，不留情面。唐太宗自己曾说：“我听说龙喉下有逆鳞，触之则杀人。人主也有逆鳞，卿等不避犯触，敢各进封事，朕岂虑有危亡哉!”有一次太宗罢朝至内殿，面孔气得铁青，对长孙皇后说：“看我不杀了这田舍翁。”皇后忙问谁，太宗说：“魏徵在朝中又给我下不了台。”皇后忙退下，一会儿穿戴朝服立于殿廷，太宗问：“这是干什么?”皇后说：“妾听说主明臣直，今魏徵直，由于陛下之明所致，妾岂敢不贺!”太宗听后气就消了。

太宗曾对群臣说：“贞观以前，从我平天下，玄龄之功，无所与让。贞观之后，献纳忠言，安国利民，匡朕之违者，唯魏徵而已。”魏徵为官清廉，崇尚节俭。魏徵病重，唐太宗来看望，看到魏徵宅第竟然是“先无正堂”，没有一间像样的正堂。就把当时欲在宫中建造一座小殿的材料送过来，“辍其材为徵营构，五日而就”，为魏徵宅第中临时建起一所正堂。因魏徵向来爱好俭朴，不喜欢华丽的被褥，所以唐太宗派中使给送来“素褥布被而赐之”。[1] 不久，魏徵以 64 岁寿终，太宗亲临恸哭。魏徵临葬，其妻裴氏辞帝赐羽葆鼓吹等隆重仪仗，以布车载柩，无文彩之饰，葬之昭陵预定地。魏徵正直善谏，堪称古来谏臣之典范，足为百世之师。

在北京一带的住宅里，魏徵是贴在后门的门神。

薛仁贵与盖苏文的故事

冀西北供奉唐朝时期的大将薛仁贵和盖苏文为门神。

薛仁贵（614—683 年），名礼，字仁贵，山西绛州龙门修村人。唐朝名将，著名军事家，政治家。创造了“良策息干戈”、“三箭定天山”、“神勇收辽东”、“仁政高丽国”、“爱民象州城”、“脱帽退万敌”等诸方面在军事、政治上的赫赫功勋。

贞观十九年（645 年）四月，唐军前锋进抵高丽，在安市之战中，薛仁贵身着白衣，手持方天画戟，腰挎两张弓，单骑冲阵，一个人杀入敌人二十五万大军的阵势里面，打得敌人的阵形混乱无法组织。战后，李世民立即召见还只是小兵的薛仁贵，重加赏赐。说：“朕旧将并老，不堪受阃外之寄，每欲抽擢骁雄，莫如卿者。朕不喜得辽东，喜得卿也。”意思是我的将领们都老了，现在遇到战事已经不堪忍受这种重负了，我想挑选年

《薛仁贵　尉迟恭》
（清）　河南开封

① 《贞观政要》卷 18《俭约》，北京，中国文史出版社，2003。

轻能干的将军，没有比得过你的了。这次征伐，就算得到辽东也不是我高兴的，最高兴的是能得到你这样的一个人才。

回到中原以后，薛仁贵被委以重任，统领宫廷禁卫军，被派驻扎玄武门，守卫皇帝的安全。可以被皇帝这样信任，足可见其忠义与实力，加上那是唐太宗得天下的门，也能看出意义非凡。唐高宗永徽五年（654 年），闰五月初三夜，天降大雨，山洪暴发。水冲至玄武门，保护皇帝的人大多都已逃命去了，薛仁贵很愤怒，说："安有天子有急，辄敢惧死？"然后薛仁贵冒死登门框向皇宫大呼以救高宗。高宗感其恩，说："赖得卿呼，方免沦溺，始知有忠臣也。"

显庆三年（658 年），44 岁的薛仁贵，开始自己统率军队。显庆三年（658 年），薛仁贵和营州都督兼东夷都护程名振骚扰高丽，薛仁贵率众一举攻克赤烽镇，斩首四百人，俘虏百余人。同年 6 月，高丽派遣大将豆方娄率军三万人迎战唐军，被薛仁贵击败，斩首三千级。显庆四年（659 年），薛仁贵率军与高丽大将温沙门大战于横山，薛仁贵匹马当先。高丽军无法抵挡，大败而逃。已经是军队的统帅，还能身先士卒，足见勇猛与胆气。同年 12 月，薛仁贵与辛文陵在黑山击败契丹，擒契丹王阿卜固及诸首领，押送东都洛阳。薛仁贵因功升任左武卫将军。

乾清门前的铜狮

龙朔元年（661 年），铁勒进犯唐边。薛仁贵为铁勒道行军副大总管。回纥铁勒九姓突厥（九个部落联盟）得知唐军将至，便聚兵十余万人，凭借天山（今蒙古杭爱山）有利地形，阻击唐军。当年三月初一，唐军与铁勒交战于天山，铁勒派几十员大将前来挑战，薛仁贵应声出战，独挑几十人，连发三箭，敌人三员将领坠马而亡，敌大军见之，立即混乱。薛仁贵指挥大军乘势掩杀，敌人大军投降。因为铁勒骚扰唐边境达数十年之久，薛仁贵命令将投降兵就地活埋，以除后患，之后继续北进，将铁勒九部的首领伪叶护三兄弟生擒，从此回纥九姓突厥衰落。当时世间流传歌谣："将军三箭定天山，战士长歌入汉关。"

唐高宗时期，唐朝国力强盛，唐高宗雄才大略，决定完成父亲遗志，灭掉高丽。薛仁贵统兵出征。乾封三年（668 年），薛仁贵的部队攻占坚固的扶余城。之后高丽连续四十多座城市直接向薛仁贵投降。薛仁贵声名鹊起，威震辽海，神威四方。自此，高丽所最惧怕之人为薛仁贵。

薛仁贵大军沿途破城抵达平壤城，大军合围攻破平壤，薛仁贵亲自接受高丽国王投降。根据史料记载，高丽国国王高藏在向薛仁贵投降签字的时候，连抬头看薛仁贵的勇气都没有，威慑力到了何种地步。自此，隋唐几代帝王灭亡高丽的愿望终于在高宗这里得到了实现。后世百姓也著写《薛仁贵征东》以纪念这位英雄人物。

之后，高宗命薛仁贵率兵留守平壤，并授薛仁贵为右威卫大将军，封平阳郡公，兼检校安东都护。薛仁贵受命后，移治平壤新城。他任安东都护期间，作为地方长官，表现出了杰出的政治才能，致力于恢复和平，恢复生产，医治战争创伤的工作中。史书说他这时抚养孤儿，赡养老人，治理盗贼，提拔任用高丽的人才，表彰奖励品德高尚、行为优异的百姓，一时间高丽人都非常喜悦，忘记了亡国之痛。（史书原文为"抚孤存老，检制盗贼，随才任职，褒崇节义，高丽士众皆欣然忘亡"。）在朝鲜的许多州县建有薛礼庙，至今尚存。

在被贬象州期间，薛仁贵协助州官，治政安民，首先平息了匪患，又动员富户救济灾民，当久旱逢雨之时，又率领农民拦水浇田，其他打抱不平、调解纠纷、敬老爱幼等仁风义举不胜枚举，州民感之不尽。当薛仁贵奉命再次出征离别象州时，州民当道跪留，哭声震天。当次年得知薛仁贵病故时，州民建庙建冢以祀，感恩戴德。

开耀元年（681 年）冬，69 岁高龄的薛仁贵带病冒雪率军进击，以安定北边。领兵去云州，就是今天的大同一带，和突厥的阿史德元珍作战。突厥人问道：“唐朝的将军是谁?”唐兵说：“薛仁贵。”突厥人不信，薛仁贵于是脱下头盔，让突厥人看。因为薛仁贵威名太大了，以前曾经打败过九姓突厥，杀过许多人，突厥人提起他都怕，现在看见了活的薛仁贵，立即下马跪拜，把部队撤回去。薛仁贵立即率兵追击，打了一个大胜仗，斩首一万多，俘虏三万多，还缴获了许多牛马。

永淳二年二月二十一（683 年 3 月 24 日），薛仁贵因病于雁门关去世，享年 70 岁。唐高宗追赠他为左骁卫大将军，幽州（治蓟县，今北京城西南）都督。

泉盖苏文，本名渊盖苏文，避唐高祖李渊讳而改姓为“泉”。

泉氏家族出于早期高句丽五部中的顺奴部。渊盖苏文父亲为高句丽东部大人、大对卢（相当于宰相）。渊盖苏文继承父职为大对卢，仍掌高句丽军政大权。据记载，渊盖苏文“貌魁秀，美须髯，冠服皆饰以金，佩五刀，左右莫敢仰视。使贵人伏诸地，践以升马。出入陈兵，长呼禁切”。

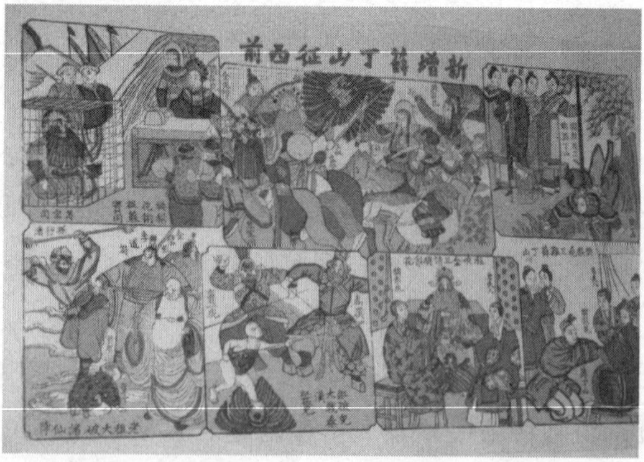

桃花坞年画《新增薛丁山征西前》　杨卫华 摄

唐朝对于新任高句丽王仍按惯例予以册封。643 年，唐太宗遣使专程前往，册封高藏为上柱国、辽东郡王、高句丽王。是年，高句丽大举攻伐同为唐册封的属国新罗国，唐遣专使携诏书前往高句丽调解制止，遭到渊盖苏文的拒绝。唐太宗以为渊盖苏文杀君欺臣，残虐民众，今又违诏，侵略邻国，不可不讨，遂引发唐征伐高句丽之战。

644 年，唐太宗发兵攻打高句丽，遇辽河水大涨，不得渡。渊盖苏文遣使贡白金谢师，不受。645 年，唐太宗亲征之，于安市（今辽宁省海城市）大战而不能下之，遂还师。661 年，唐高宗再次派出数十万大军进攻高句丽，再次在渊盖苏文的顽强抗击下无功而返。渊盖苏文成为挽救高句丽的一代名将。

裴元庆与李元霸的故事

门神基本题材是秦琼和尉迟恭二将，有些祠堂庙宇的门面有五开间或更多开间，只有正中的一对秦尉门神形式上有些孤单，画师们就根据历史演义故事添加了一些门神。在浙南一些地方，如果是三开间就添上左门罗成、单雄信，右门杨林、程咬金；如果是五开间，则左添王伯当、魏文通，右添李元霸、裴元庆……这些门神都是根据《说唐全传》画的，为了“互相监督”，要挑选脾气不合的站在一起，人物形象也是根据书中的描写创作的。这些人物更为群众所熟悉和敬仰，造型上采取大胆的夸张手法，具有刚健清新之美，往往出奇制胜，别具一格，体现着民间艺人的智慧和才能。

裴元庆、李元霸是《隋唐演义》中的英雄人物。

李元霸（603—619 年）本名李玄霸，字大德，唐高祖李渊第三子，母窦皇后。后世因避讳清康熙帝玄烨名改称为李元霸。他是隋唐第一条好汉，“年方十二岁，生得尖嘴缩腮，一头黄毛促在中间。戴一顶乌金冠，面如病鬼；骨瘦如柴，力大无穷。两臂有四象不过之勇，捻铁如泥，胜过汉时项羽。一餐斗米，食肉十斤。用两柄铁

绵竹年画《门神》　陈刚　杨卫华 摄

锤，四百斤一个，两柄共有八百斤，如缸大一般。坐一骑万里云，天下无敌。”在当时几乎没有人能在李元霸马前走上三个回合，可以说赵王李元霸打遍天下无敌手。秦琼对李元霸因报恩不愿与自己动手，与其比试，他只不过用铁锤轻轻一挡，“当”的一响，就把八十斤虎头枪，打脱了不知去向，吓得秦琼立即下马告罪求饶。罗成挺枪来战，被元霸一锤把枪打做两段，震开虎口，回马逃命。裴元庆迎战李元霸，招架三回合即惊呼：“果然好厉害！”回马便逃。宇文成都当时号称无敌将军，殿前比试全力却撼不动李元霸伸直的一根胳臂，他只不过把手一扫，宇文成都扑通翻筋斗，仰后就是一跤，之后更被他活擒撕裂。李元霸在四明山匹马双锤，击败十八路反王二十三万大军，打死大将五十员；后又赤手撕裂伍天锡、徐圆朗，将一百八十万反王大军杀到只剩六十二万，迫李密献出玉玺，逼十八路反王跪伏献上降表。

李元霸在回潼关时，被雷劈死了。——“只见风云四起，细雨霏霏，少顷虹电闪烁，霹雳交加。那雷声只在元霸头上落落落地响，犹如打下来的光景。元霸大怒，把锤指天大叫：‘呔！你天为何这般可恶，照少爷的头响？也罢！’把锤往空中一撩。抬头一看，那四百斤重的锤掉将下来，‘扑’的一声正中在元霸脸上，翻身跌下马来。”一代霸王就此烟消云散。

裴元庆是《说唐》、《兴唐传》等书中人物。他是隋唐第三条好汉，也是隋唐八大锤中的银锤将。“这元庆虽只得十多岁，他用的两柄锤有五升斗大，重三百斤，从未相遇敌手。”随父山马关总兵裴仁基三打瓦岗山，被秦琼用计收服。四明山一战，十八路反王无数兵将，只有他能接李元霸三锤。在《说唐》中于伐五关之役误中隋虹霓关总兵新文礼之计，被烧死于庆坠山中。“裴元庆的马快，看看追近了，新文礼又挡了一锤。且战且走，引进庆坠山，直抵窟中。新文礼坐入筐篮，上边军士拽了新文礼上去，就点着干柴、火箭撒将下来，发动地雷，一时烈焰飞腾。要想这件东西，可有招架得了的么？可惜这巡天都太保、八臂勇哪吒该是升天之日，烧死在窟中。其年十五岁。”在《兴唐传》中裴元庆则是死于孽世雄的飞刀之下。

绵竹年画《门神》
陈刚　杨卫华 摄

裴元庆的历史原型是裴行俨，隋将裴仁基之子，骁勇善战。裴仁基讨伐瓦岗寨，虽累有胜利，但屡遭监军陷害。于是裴仁基父子杀隋监军，率众归瓦岗寨。后李密与王世充决战，裴仁基献计分兵偷袭洛阳，但不被李密所纳。后李密战败，裴氏父子被王世充所俘。王世充以侄女嫁于裴行俨，待其父子甚厚。裴行俨每有征战，所向披靡，号“万人敌”，王世充惮其威名，颇加防范。裴仁基知其意，于是决定先下手为强，密谋行刺王世充。事泄，裴氏父子俱被王世充所杀。

钟馗的故事

传说有一年唐明皇从骊山校场回宫，忽然得了重病，御医们费尽心思，忙了一个多月也不见好转。一天夜里，唐明皇睡梦中见一小鬼偷了杨贵妃的紫香囊和唐明皇的玉笛，绕殿而奔，而一大鬼捉住小鬼后，把他吃了。大鬼相貌奇丑无比，头戴破纱帽，身穿蓝袍、角带，足踏朝靴。自称是终南山落第进士，因科举不中，撞死于阶前。他对唐明皇说："誓与陛下除尽天下之妖孽。"唐明皇醒来后，豁然痊愈。马上下诏命画师吴道子按照梦境绘成《钟馗捉鬼图》批告天下，以祛邪魅。吴道子挥笔而就。图画好后，李隆基瞪着眼睛看了半晌，说道："莫不是先生跟我一块儿做梦来着？画得怎么这样像！"唐明皇马上重赏了吴道子，还在画上批曰："灵祇应梦，厥疾全瘳，烈士除妖，实须称奖。因图异状，颁显有司，岁暮驱除，可宜遍识，以祛邪魅，兼静妖氛。乃告天下，悉令知委。并将此画悬于后宰门，用以镇妖驱邪。"有司奉旨，将吴道子《钟馗捉鬼图》镂版印刷，广颁天下，让世人皆知钟馗的神威。

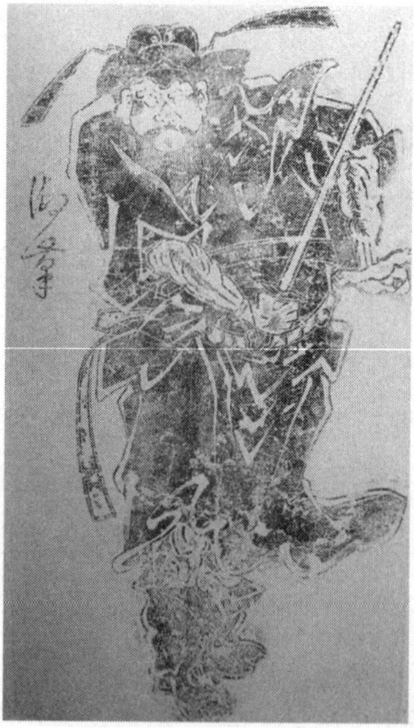
《钟馗像》 （清）

较早提及钟馗的史料，大约是唐玄宗时期的一位宰相张说的《谢赐钟馗及历日表》。这是一首唐诗，见于《全唐诗》。诗中说感谢皇上赐给自己的钟馗神像和历日表，其中写道："中使至，奉宣圣旨，赐画钟馗一及新历日轴……屏祛群厉，绘神像以无邪。"唐代刘禹锡也曾做过类似文章。可见，唐时岁末以钟馗图和历书赐给大臣，形成惯例。

在清代小说《斩鬼传》和《平鬼传》里，钟馗的来历更加曲折。书中说他是陕西终南秀才，生得丑恶怕人，却才华出众。进京应试，文不加点，一挥而就。一路过关最终考到殿试。主考官韩愈和陆贽阅后，不禁拍案叫绝，遂点为头名状元。不料唐德宗以貌取人，见了钟馗十分不悦，遂听信奸相卢杞谗言，取消了他的录取资格。钟馗气得暴跳如雷，当场自尽而亡。唐德宗十分悔恨，便将卢杞流放，并封钟馗为"驱魔大神"，遍行天下，以斩妖邪。钟馗具有刚烈不屈的性格，以极端方式反抗不公正制度，后来成为最受人们信赖的捉鬼大神。他翦除鬼魅，立下大功，被玉帝封为"驱魔帝君"。

民间还十分流行"钟馗嫁妹"的传说。钟馗有个同乡好友杜平，为人乐善好施，馈赠银两助钟馗赴试。钟馗因面貌丑陋而被皇帝免去状元，一怒之下，撞阶而死。跟他一同应试的杜平便将其隆重安葬。钟馗做鬼王以后，为报答杜平生前的恩义，遂亲率鬼卒于除夕时返家，将妹妹嫁给了杜平。这就是著名的"钟馗嫁妹"。"钟馗嫁妹"成为古代绘画和戏剧的一个重要题材，受到人们的普遍欢迎。

民间悬挂钟馗图，原来都在除夕，后来在端午节也画钟馗，或赠人，或自挂，这种改变源于乾隆二十二年（1757 年）。那年因瘟疫死了不少人，在无可奈何的情况下，只好将钟馗请出来施威捉鬼，此后逐年相沿成俗。

如《燕京岁时记》："每至端阳，市肆间用尺幅黄纸，盖以朱印，或画天师、钟馗之像……悬而售之，都人士子争相购买，粘之中门，以辟祟恶。"

明、清以来钟馗画祈求赐福成分增加。明朝成化皇帝所作的《岁朝佳兆图》，钟馗捧着如意，带领小鬼匆匆赶路。小鬼手中托盘里盛满柏叶柿子，上空有蝙蝠，寓意百事（柏柿）如意，福自天来。

杨柳青钟馗门神画，是典型的武判样式。钟馗挥舞宝剑做出种种威武姿态，四周衬满流云、八宝、双喜等图案，活泼中带有吉祥寓意。

苏州桃花坞门神中有风度潇洒的骑驴钟馗，侍从小鬼撑破伞相随。他手执牙笏目视前方空中飞舞的蝙蝠或吊系的蜘蛛，象征福自天来、喜从天降，洋溢着喜庆色彩。北京更有画店别出心裁，去除钟馗手中的武器，增添了一枚超大铜钱，谓之托钱判。老北京读判官后面加儿话音，称判官儿，或简称判儿。于是又有人把钟馗怀里的大铜钱换成了胖娃娃者，寓意盼子得子。

钟馗画的常用构图题材是蝙蝠。这里的蝙蝠有两种寓意：一是代表鬼魅妖孽；二是代表福在眼前。有趣的是，两种完全对立的寓意，在这里形成矛盾的统一。

从形象对比上，以比例极小的蝙蝠代表变异的鬼魅妖孽，以显示钟馗的威力之大。这种朴实直率的艺术思想和艺术技巧，与大众淳朴的审美思想相吻合，满足了人民大众在心理上和视觉上的审美需要。

为何钟馗画上常见到蝙蝠呢？清代《历代神仙通鉴》说，道士叶法善对唐玄宗讲，混沌初分，有黑白二蝙蝠，黑蝙蝠化为钟馗，白蝙蝠化为八仙之一张果老。这里硬是把钟馗故事挂靠到开天辟地的神话时代。不过，人们注重的并不是蝙蝠化钟馗，而是“蝠”即福。画面一只蝙蝠，那画既可叫“福自天来”，也可叫“降福消灾”。

杨柳青传统版画的钟馗图，如《福在眼前》、《恨福来迟》等，皆绘大红蝙蝠，取意在于“洪福”。桃花坞年画《驱邪降福》，钟馗左手挥剑过头，肩头一只蝙蝠翩飞。这是钟馗图案中使用最多的图案式样。

陕西凤翔传统门画《钟馗》，执剑钟馗单足立地，身旁蝙蝠翩飞。

钟馗的故事富有传奇色彩，嫁妹、迎蝠如出一辙。《斩鬼传》的故事说，钟馗被封为驱魔之神，在奈何桥遇到一小鬼，自称本是鼹鼠，饮奈何水生翅化为蝙蝠，最晓恶鬼藏身处，情愿当向导。

《平鬼传》则说，钟馗本与神荼、郁垒一起捉鬼，后来，神荼化为蝙蝠，郁垒化为宝剑。这类续编的故事，虽可资谈助，但古人讲得更多的是嫁走了“魅”，迎来了“福”。

古代民居张挂钟馗像，大门首当其冲。成对的张贴在两扇门板，单幅的贴在门的正上方，防止恶鬼上门骚扰。有的民居院落，进门之后还见不到主人的房间，用一座墙——影壁墙，来隔开。钟馗经常出现的另一个位置就在这里。因为人们对鬼有这样一种认识：认为鬼只能走直线，所以即便是不小心让鬼溜进门来，也会被影壁墙上的钟馗老爷抓个正着。钟馗像贴在这里还带来另一个便利：在这里方便安置香炉红烛。人们指望钟馗尽心尽力地看家护院。[①] 在北京一些地区，钟馗是看后门的门神。

《钟馗像》 （明） 弘治时期

郭子仪的故事

郭子仪（697—781 年），唐朝华州郑县人。父亲郭敬之，曾任刺史。郭子仪长得魁梧，面貌英俊，身高膀宽，目光炯炯有神。为人刚强勇敢，公正无私，不畏权贵。他在玄宗、肃宗、代宗、德宗四朝做官，是唐朝的“四朝元老”，声名远播。郭子仪从小就喜欢读兵书，练武功，有一身好枪法。

传说，郭子仪 20 岁时，在河东（今山西太原）当兵，曾犯有过失，按军纪应该斩首。他被捆着手押送刑场时，昂首阔步地向前走，一点也不惊慌。正巧在途中遇上当时著名的诗人李白。李白本来和他并不相识，见他年轻英俊，相貌非凡，临刑不惧，又听说他才干出众，意志坚强，便赞叹地说：“这样的人，将来一定能为国家做出

① 马银文：《中华民俗艺术大全》，中国三峡出版社 2006 年 11 月版，第 347 页。

《郭子仪》（清） 福建漳州

一番大事业，杀了多可惜啊！”李白便用自己的官职作担保，救了郭子仪。这样李白就成了郭子仪第一位知己朋友。

唐玄宗天宝初年，以武举优等入仕，补左卫长史。天宝十四年（755 年），安禄山叛唐，郭子仪任朔方节度使，率军东讨，先后斩杀和击败安禄山部将周万顷、高秀岩等，收复云中（今山西大同）、常山（今河北正定）等地。唐肃宗至德元年（756 年），与李光弼合军，采用敌来则守、敌去则追的战法，击败史思明军数万人，收复河北十多郡。不久，肃宗把李隆基从成都迎回，尊为太上皇。郭子仪因收复两京有功，晋封代国公。肃宗也发出了“虽吾之国家，实由卿再造”的赞叹。郭子仪由此而声名大震。至次年九月，又平定河西、河东、河南诸地。因功加司徒，封代国公，食邑千户。

“安史之乱”平定后，唐王朝因连年战争，国力虚弱，吐蕃乘机深入唐朝内地。唐代宗广德元年（763 年），因仆固怀恩叛唐，吐蕃、回纥军相继进犯；永泰元年（765 年）九月，仆固怀恩又引回纥、吐蕃、吐谷浑、党项等族共计三十多万人马攻唐。唐朝国都长安再次受到严重威胁。郭子仪立即建议唐代宗调兵遣将，扼守要冲。自己则率兵万人，坚守泾阳，保卫长安。十月，郭子仪刚到泾阳，就被吐蕃、回纥联军十万余人团团围住，形势非常危急。年近 70 的郭子仪，面对 10 倍于己的强敌，镇定自若，毫不惊慌。大败十万吐蕃军，稳定了关中局势。

不久，郭子仪发现敌军之间出现了间隙，认为有可能说退甚至争取回纥军反戈一击，因此，孤身一人，亲自到回纥兵营谈判。郭子仪就要动身，他的儿子郭晞跑来拦住马，劝阻说：“回纥兵像虎狼那样残暴，父亲是国家的元帅，怎能轻易冒着生命危险，去回纥军营谈判呢?”郭子仪果断地说：“如果唐军和回纥兵打起来，不但咱们父子性命难保，就连国家的命运也很危险。如果国家保不住，个人还有存身的地方吗？与其坐着等死，不如去同回纥王谈判，用道理说服他，万一不成功，我就捐躯报国。”

《赵公镇宅》

绵竹年画博物馆藏　杨卫华 摄

郭子仪来到回纥军营门前，不慌不忙地翻身下马，摘掉头盔，脱去铁甲，放下刀枪，勇敢沉着地向回纥营中走去。回纥兵都很吃惊，药葛罗也放下弓箭，忙走来迎接。郭子仪握着药葛罗的手，义正词严地责问：“你们回纥替唐朝立过大功，唐朝待你们也不薄，为什么违背盟约，向唐朝进攻？你们丢掉过去的功劳，帮助叛臣仆固怀恩作乱，同唐朝结怨仇，多么不明智啊！今天我独自一人来到这里，早就把生死置之度外，如果你们真有诚意同唐和好，应该马上撤兵。不然，我将传令三军，一气杀来，管叫你们片甲不留。如果你们敢把我杀死，唐军一定不会答应。”药葛罗早已吓得手足无措，连连表示不再攻唐。郭子仪十分高兴，便趁机说：“吐蕃背信弃义，乘中原内乱，不顾与朝廷的甥舅之亲，屡次兴兵侵犯边境，深入内地，到处烧杀抢掠，现在吐蕃又想乘机吞并你们，你们何不乘机反戈一击呢？果真如此，既可击败吐蕃获其财物，又可与唐朝继续友好下去。一举两得，两全其美。这可是上天赐给你们的良机呀！”药葛罗听后，立即表示同意，说：“我们被仆固怀恩骗到这里，已对令公有罪，我们愿意为令公出力，攻打吐蕃，将功赎罪。”郭子仪的谈判成功了，双方订好了合击吐蕃的计划。吐蕃得知回纥与唐军结盟，感到大势不妙，连夜撤兵西走。郭子仪大败吐蕃军，毙敌五万、俘虏一万余人，唐军取得了平叛的巨大胜利。

由于郭子仪以诚感人、英勇机智，一场危机终于化险为夷。从此，“郭子仪单骑见回纥”的故事，一直在民间流传。郭子仪功勋盖世，威震四方，敌人都很害怕他，吐蕃、回纥称他为神人，一听说他率领大军出战，皆望风而逃。郭子仪的一生，基本上是在戎马征战之中度过的。自天宝十四年（755 年）安禄山于范阳起兵，郭子仪即以朔方节度使的身份参与平叛战争，屡立战功。唐肃宗时，收复两京，主要是依靠郭子仪所率朔方军的力量。安史之乱被平定后，郭子仪以朔方节度使先后出镇河中、阎州，防御回纥、吐蕃，捍卫京师，屡败敌兵，使京师得保无虞，关中百姓免遭涂炭。所以，史书上说“天下以其身为安危殆三十年”，是一点也不夸大的。

郭子仪治军极谨严。即使对家里人，也不例外。他担任河中节度使时，严禁无故骑马奔跑，违令者斩。这实际上也是为了防止引起混乱。有一次，偏偏他妻子南阳夫人奶妈的儿子违反军令，军中执法官都虞侯不徇私情，虽然知道此人与主帅郭子仪颇有关系，还是按照军令将他杖杀。为了此事，儿辈们到郭子仪面前哭诉，说都虞侯专横跋扈。郭子仪听完他们的哭诉，不但不帮他们说话，还将他们狠狠训斥一顿说：“我的儿子都是些不成器的东西！我的都虞侯刚正无私，将夫人奶妈的儿子依法处死。我的儿子们不但不赞赏我的都虞侯，反而因此抱怨，去怜惜奶妈那个犯罪的儿子，这不是不成器又是什么?!”

郭子仪的儿子郭暧娶升平公主为妻，一次，小夫妻闹别扭，郭暧一气之下，嘴没遮拦，骂妻子道：“你仗着父亲是天子就目中无人吗？我父亲连天子都不高兴做！”升平公主气得大哭，回宫告诉了父亲唐代宗。唐代宗劝女儿道：“你不知道，他父亲确实不高兴做天子。假如他不嫌做天子，这江山社稷就不是我们家的了。”说完，不禁泣下，叫公主回去。这时，郭子仪将儿子绑缚，亲自押着儿子到宫廷上请罪。唐代宗安慰郭子仪说：“俗话说：‘不痴不聋，不作亲家公。’小孩子自家屋里说的话，又何必去听他呢！”给以赏赐，善言遣之。郭子仪为惩戒儿子，杖打郭暧数十下。

门神《对刀侍卫》 （清） 四川绵竹

大历十四年（779 年），唐德宗即位，尊郭子仪为尚父，加太尉，兼中书令。从此，郭子仪告别了戎马生涯，在朝廷担任宰相。过了两年，即建中二年（781 年），郭子仪病死，享年 85 岁。死后被追封为太师，陪葬建陵（唐肃宗陵）。按唐代制度，郭子仪坟高当为一丈八尺，葬时破格增加一丈，为二丈八尺，以表彰他的功劳。

门神画《带子随朝》，画的就是郭子仪功封汾阳王，幼子郭暧娶唐代宗李豫之女升平公主，父子同班立朝，富贵无极。在我们看过的戏曲故事里，《单骑见回纥》、《打金枝》、《满床笏》等都是描写郭子仪的感人故事。

赵匡胤和杨衮的故事

赵匡胤和杨衮是河南开封朱仙镇的两个门神，画的是杨衮手拿宋朝开国皇帝赵匡胤赠与的玉带一条，宋太祖赵匡胤手拿杨衮赠与的信物铜锤一个。两人之间，演出了一场《铜锤换玉带》的佳话。

《杨衮　赵匡胤》　　（清）　开封

这个故事又名《收杨衮》、《火塘寨》。说的是柴荣即帝位，因忧患火塘寨杨衮断其粮道，遣赵匡胤为帅，率郑子明、高怀德等前往征讨。兵至火塘寨，郑子明、高怀德等轮战杨衮皆不胜，匡胤亲自出马，被杨衮击落马下。杨衮见匡胤头上现龙形，乃下马投顺。赵匡胤封杨衮及其子继业，并赠玉带为证；杨衮亦献铜锤以表真心。并且约定："以后若是杨家人拿着玉带来投靠赵匡胤，赵匡胤必须重用来者；若是赵家人带着铜锤来召集杨家人，杨家人必须无条件地报效朝廷。"

寇准与包拯的故事

寇准字平仲，陕西华州下邽人。出身在一个富有的仕宦之家，明分际，守原则。19 岁考中进士，授大理评事（最高法院专员），分派州县做地方官。他执法公道，能立信于民，所以每逢征粮赋，他从不派公差下乡催缴，只把纳粮人户名、征额公布乡里及县门，百姓自动缴纳，无敢误期。八九年后他以青年才俊被征入朝，一直做到枢密直学士，这是皇帝御前的机要秘书兼研究员。以敢言而升到枢密院同知院事（军机处的助理副主管）。宋太宗很欣赏寇准的率直，对人说："朕得寇准，等于文皇（指唐太宗）之得魏徵。"君臣间常有辩难，有时帝不耐准言之不休，欲起行，寇准竟然敢牵住帝袖，使帝复坐，君臣间毫无距离。宋太宗立元侃为太子。当太子祭庙还官时，京师万人空巷看太子风采，大家赞美："好一位少年天子。"宋太宗听了竟大不愉快，和寇准说："人心骤归太子，将置我何地?"寇准马上拜贺说："这是社稷之福。"宋太宗才释然。

景德元年（1004 年）八月，辽王圣宗与萧太后亲率大军南侵，辽军渡唐河，直趋大名。宋朝廷大惊恐，大臣中王钦若主帝避往金陵，陈尧叟主往成都，朝廷慌做一团。寇准请宋真宗亲临澶州，以振士气。同朝大臣们很害怕，都想退朝溜走。寇准喝住他们，让他们等候宋真宗起身亲征。宋真宗很为难，想回到内宫去。寇准说："陛下一进宫，我不能见到陛下，大事就完了，请陛下不要回宫而立即决定出发。"宋真宗这才决定亲征，硬着头皮渡河进入澶州。当宋真宗到达北城门楼时，远近的宋军将士望见黄色御盖，诸军欢呼如雷动，声传数十里不绝。辽军面面相觑，十分惊愕，阵脚也乱了。

宋真宗把军事指挥权全部委托给寇准，寇准秉受旨意独自决断处理，号令严明整肃，士兵们都很高兴。敌军几千名骑兵逼到澶州城下，宋真宗诏令士兵迎头痛击，把进犯的敌军斩杀和俘虏了一大半，残余的敌军慌忙退去。

萧太后派密使送信来要求订立和约，寇准不同意，而契丹使者和意更坚，宋真宗想同意辽国的请求。寇准说如要订立和约，契丹必须称臣，并且要献出幽州。但宋真宗厌战了，只想笼络契丹。这时有人诽谤寇准，说他想靠战争来提高自己的声望，寇准无奈只好同意了契丹议和的要求。宋真宗派曹利用作为使节前往契丹军中商谈每年应向契丹缴纳的岁币数目，并对他说："一百万贯以下都可以同意。"寇准把曹利用召到自己的营帐中，对他说："虽然皇上有旨意，但是你答应契丹的数目不能超过三十万，如果超过三十万，我砍你的头。"曹利用到了辽军，以三十万贯的代价与辽达成和约。宋辽以后能维持和平达一百一十三年之久，可说是"澶渊之盟"的正面效果。

寇准去世后，人们将他的尸体运回洛阳安葬。途中经过荆南公安县时，县里的人都哭着在路边祭奠他。大家折下竹子插在地上，在上面挂上纸钱，过了一个月再去看时，那些枯竹都已长出竹笋来。百姓还为他建了一座庙，每年都按时祭祀他。寇准去世十一年后，朝廷恢复他的太子太傅官衔，追赠他为中书令、莱国公，后来又赐谥“忠愍”。景祐四年，宋仁宗下诏让翰林学士孙扦撰写寇准神道碑，宋仁宗亲自在碑额上篆书“旌忠”二字。

包拯是宋仁宗时“铁面无私”的清官，民间都呼他包公包青天。他的故事，自南宋起至元明，成为民间喜爱的话题，流传的话本、戏剧达数十百篇。包青天遗风直垂今世。

包拯出身于书香世家，他的父亲是宋朝的小官。在青少年时代，包拯刻苦读书，29 岁时终于考中了进士甲科。按照规定，中了进士就可以做官了，但是，包拯认为父母年事已高，他有责任尽孝照顾他们，所以把官辞了，在家服侍父母。直到双亲去世以后，在家乡父老的劝告下，他才到安徽天长县任知县。在天长县任内，发生一案：有农家之牛，无端被人暗中割去牛舌，以致奄奄待毙，牛主鸣鼓告于知县。包拯暗思此必仇家加害，不加详问，即叫牛主速回家宰牛而售其肉。牛主果然做了，立即又有人来县里告人私宰。包拯脸孔一沉，对那告状的人说：“你为何割人家牛舌而又来告人状，该当何罪?”那人果然服罪。包公善断狱由此开其端。

包拯不但善断狱，而且清廉自守，一芥不取，人所不及。他不久升官广东端州（肇庆）为知州。端州出有名的端砚，那是州县对皇帝的贡品，年有定额，征之于民，凡做州官的无不加数十倍取之于民，作为个人巴结权贵之用。他到端州，下令制砚的足贡数即止。他自己一块砚也不取。肇庆相传有他在西江羚羊口掷砚的故事。原来包公在端州留下了不少德政离去时，士绅欲送一块珍贵的端砚给他，却被他拒绝。不得已，用黄布包裹，暗置在他的船舱里，等船行到羚羊峡口时，被他发现，连黄布包裹带砚一并掷之于水。后来那里就留下“砚州”和“黄布沙”两个地名。《宋史》包拯本传中亦有“不持一砚归”的记述。包公的廉洁由此而驰名。

包拯的正直清廉，杰出才华，终于得到宋仁宗皇帝的赏识。从此，他平步青云，被派到各地去担任要职。包拯奉诏入京知开封府，升为右司郎中。在朝为官刚正坚毅，皇亲贵戚、内侍宦官因而有所收敛，不法之徒听到他的名字就会心生惧怕。人们把包拯的笑比做难以见到的黄河清，儿童妇女也都知道包拯的名字，称呼他为“包待制”。其同时代的大臣吴奎对他曾有“峻节高志，凌乎青云”之赞，可为“青天”之解。京城到处流传：“关节不到，有阎罗包老。”过去制度规定，凡是打官司的人，不能直接到官衙庭下投诉。包拯大开开封府衙正门，使告状的人可以直到官衙陈述案情的是非曲直，包拯成为受欺压、蒙冤枉的百姓们的保护者。百姓不呼其名，而尊呼“包待制”、“包龙图”（待制和龙图阁直学士均为其官名），又呼他“包青天”或“包公”。

《指日高升》　杨卫华 摄

包拯刚正不阿，不怕权势，大公无私。他主持正义的决心与明辨是非的能力，是众所周知，家喻户晓的。他训诫子孙不要欺骗别人，不要盗取他人的财物，或欺负百姓。凡是犯上述这种不检行为的子孙，死后都不得放归本家，葬于祖坟之地。他在63岁那年，死于任内。

寇准43岁拥宋真宗亲临澶州，面对强敌，以坚强斗志戢敌凶焰，结澶渊之盟，使宋北境获安，被称为社稷之臣；包拯立朝刚毅，执法廉明，一生为受欺压的百姓辨冤雪狱。这两位宋朝的名臣广受人民的崇敬。生活在社会底层的广大民众，希望能有更多的像寇准、包拯这样的清官来保家卫国、伸张正义、惩恶扬善。因此，在民间有些地方将寇准与包拯奉为门神崇拜。

温琼与岳飞的故事

《吴县志》谓："门神，彩画五色，多写温、岳二神之像，远方客多贩去，今其市在北寺桃花坞一带。"温、岳二神指的是温琼、岳飞二位将军，分属东岳庙佑岳之神。苏州桃花坞年画以温琼、岳飞为门神。

温州民间称温琼为"东岳爷"，也称"温忠靖王"。当地传说，唐代穷秀才温琼几经落第不灰心，寄居温州一座庙中苦读。一天，他读书深夜，听到窗外两个疫鬼的低语，一个说："到这口井汲水的人多，就投在这口井里。"温琼得知疫鬼投毒，便守在庙门外那口井前，把头天夜里的事讲给前来挑水的人。人们不信，还笑话他："这秀才，读书读糊涂了。"温琼见众人仍要取水，喊了声"我来以身试水！"纵身跳到井里。人们捞起时，只见他全身发蓝，中毒而亡。明代宋濂写过《温忠靖公庙碑》。传说温琼26岁举进士不第，发誓说："吾生不能致君泽民，死当为泰山神，以除天下恶厉耳。"也有一种说法认为"温、岳二神"分别是晋代抗击北方石勒等外敌入侵，平定东晋初期内乱的骠骑大将军温峤和南宋抗金英雄岳飞。

岳飞是宋代文武全才的军事伟人，后世尊之为武圣，与关公同受民间崇拜。岳飞是河南安阳汤阴县人。宋徽宗崇宁二年（1103年）岳飞出生，生时适有大鸟飞至屋顶，乃以"飞"为名，以"鹏举"为号。岳飞幼时生活颇为贫困。唯天分甚高，而且富臂力，乃从名武师周同学骑射，尽得其传。幼又从母画荻学识字，稍长从塾师工读经史习诗文，颖悟超常儿。16岁娶妻李氏，17岁生子云。18岁力能挽三百斤弓。20岁投效河北真定（正定）宣抚使刘韐麾下为战士，积战功升小军官。不久遭父丧回乡守制。24 岁时逢汴京陷落，金人掳徽、钦二帝北去。岳飞义愤填膺，再投相州（河南安阳）大元帅康王赵构麾下，升军中郎官。岳飞善于治军，以关心士卒、爱护人民、纪律严明而闻名于世。在作战指挥中，他通武而有智谋，善于以少击众。每遇强敌，镇定自若，身先士卒。他在与金兵多年奋战中，亲手培育了一支作战勇敢、军纪严明、百姓爱戴的队伍——“岳家军”。金人有语：“撼山易，撼岳家军难。”

岳飞不治家产，宋高宗曾赐给岳飞一幢住宅，让岳飞在临安安家。岳飞坚持不受，恳切地说：“敌未灭，何以家为?”有人曾问他：“天下何时才能太平呢?”岳飞回答：“文臣不贪财，武将不惜死，天下就太平了。”

岳飞在军旅前后十九年，由军中郎官（小校）至太尉（上将军）、开国公、节度使、少保，开府仪同三司（使相）。他一直主张对金、对伪齐刘豫反攻，主张收复两河失地，用兵直捣黄龙府，迎回二圣（宋徽宗、宋钦宗父子），以洗雪国耻。但是朝中自皇帝宋高宗以下，一片苟和气氛。绍兴九年（1139 年），宋金和议在秦桧、王伦等向金人哀求下达成。金允还宋徽宗［绍兴五年（1135 年）死于金五国城］梓宫（灵柩）及宋高宗生母韦太后，以及伪齐所占河南及陕西土地，宋帝屈身向金称臣。不到半年，金人内讧，挞懒辈主和派被杀，由主战派兀术任都元帅，撕毁和约，发兵四路，将已交还宋之河南、陕西等地重行攫回。兀术又进军淮西，使在临安的宋朝廷大为震动。宋高宗乃令岳飞自襄阳北进，以为牵制。岳飞奉命率师连克许昌、郑州、中牟、洛阳、郾城，金军全师溃败。金兀术自知大势已去，决定重起议和，借秦桧之手以除岳飞。秦桧说服宋高宗令岳飞停止进攻，从前线撤退。岳飞接令后，在七月十八日再次上书请战，他指出：“金兵锐气丧尽，现困守东京，正准备渡河北遁。各地豪杰纷纷响应，将士奋不顾身，胜利已经在望，时不再来，机不可失。”但是宋高宗一伙对岳飞的请求根本不理，却在一天之内连发十二道金牌，强令岳飞班师回朝。稍前秦桧已自东线调回出师抵御金人的韩世忠、张俊、杨沂中、刘铸等部队，以使岳飞军孤悬敌前，迫使其不得不退。岳飞感到北伐已不可能，悲愤地说："十年之功，废于一旦，所得州县，一朝全休，社稷江山，难以中兴，乾坤世界，无由再复。"岳飞部队撤走后，已收复的大片土地，很快又被金兵占领，北伐的胜利果实就这样白白地葬送了。

《岳飞像》　（清）

1141年4月，岳飞被解除兵权。他和儿子岳云以"莫须有"（也许有）的谋反罪名被逮捕入狱。岳飞尽忠报国，一生光明磊落。他在供状上只写了八个大字："天日昭昭，天日昭昭"。这年的腊月二十九日，这位披肝沥胆、英勇抗金的爱国名将被杀害，终年仅39岁。同时被害的岳云，当时只有23岁。

岳飞被害后，民心激愤。当时在京城临安有两个卖烧饼、糯米团子的小贩，听说岳飞被害，他们用面团搓捏了两个形状如同秦桧夫妇的面人，手扭刀割之，犹不解恨，便把面人丢进炸糯米团子的油锅，象征要把这两个奸贼油炸。等到要买早点的百姓起床，小贩便高声叫喊："油炸桧！""油炸桧！""要吃油炸桧的快来买！"这种表达对奸臣的强烈憎恨的特殊方式，很快流传开来，从此各地出现了"油炸桧"，也就是今天的油条这一食品。

岳飞被害后，临安的官兵百姓无不哀痛。孝宗即位后，为顺应民心，平息民愤，鼓励将士抗金，宣布为岳飞平反昭雪，追复原有官职，并以武鄂王的身份加以祭祀。

岳飞一生谦谨敬贤，博文通武，忠愤激烈，气节高尚。岳飞的英勇战斗精神、善于打击敌人的军事才能，以及在邪恶势力面前所表现出来的正义凛然的英勇气概，赢得了后世百姓广泛的爱戴和敬仰。

以温琼、岳飞为门神，反映了中华民族居安思危的忧患意识和反对侵略、热爱和平的优良传统。20 世纪三四十年代末，日寇入侵我中华领土时，新出现的“抗战门神”，从中不难见出广大军民同仇敌忾、共赴国难的爱国热情。这也在一定程度上体现了门神画适应社会发展和反映社会现实的特点。

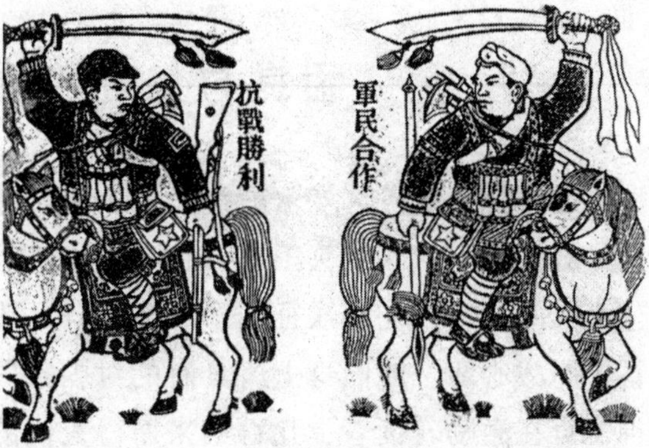

《军民合作　抗战胜利》　彦涵作

《抗战门神》　韩尚义作

孟良与焦赞的故事

孟良和焦赞是《杨家府演义》中的英雄人物。孟良、焦赞原本都是威据一方的“草头王”，归顺杨景之后，成为两员勇猛过人、武艺高强的大将，在历次征战中双双上阵，攻城略地，破关斩将，令番军胆战心寒。他们身上所具有的对国家民族的赤子之心、爱国精神一直在激励着读者，几百年来博得人们的喜爱，被民间供奉为门神加以崇拜。

《文武状元》 （清初） 北京

孟良粗中有细，智勇兼备。他归顺杨景伊始，探知杨景因令公骸骨流落番邦而郁郁不乐时，当即悄悄地偷出三关，只身潜入辽国寻访令公骸骨。他首先化装成黄河渔夫向萧太后献鱼，巧妙地进入了幽州城。博得萧太后的欢心后，乘机取得令公的骨匣。恰在这时，西凉进贡宋朝的辅鞴马被番兵夺来献给萧后，孟良又动了盗马的心思，买来毒药使马中毒，萧太后张榜求兽医，他又揭榜应招。如此“放鬼又捉鬼”的计策，使萧太后大为高兴，听任孟良带马而去。等到他们省悟时，孟良已带着骨匣逃回了宋营。

孟良还有一次盗马的经历。宋军被困双龙谷，孟良只身来到五台山求助于杨五郎。五郎借口无良马而不愿借兵，而马又非八王之千里风（马名）或万里云（马名）不可。孟良只好星夜进京，向八王借马。不料八王极爱此二马，始终不愿借。孟良又起了“盗”心，一把火烧了八王的御书楼，乘乱盗走了千里风。八王发现，即骑上万里云追之。万里云终胜千里风一筹，不一会儿就追上了。孟良心想："彼来何速耶!"随即又生一计，跳下千里风，并推它入泥泽，自己躲入松林观望。八王不知是计，跳下万里云，走近泥泽看千里风。此时孟良已跨上万里云，扬鞭而去，弄得八王哭笑不得。

破天门阵时，孟良又深入辽国，填塞了萧太后御花苑中的九眼琉璃井，智赚萧太后"凤发"与杨六郎治病，至木阁寨谋取降龙木……这些充分表现了孟良的机智勇敢。

焦赞争强好胜、疾恶如仇。在灭辽封官之后，他得知杨景又遣孟良入幽州取令公真骸骨，并受到众人称慕时，他"跑回行营，自忖道：'孟良屡与本官干事，我今兼程而进，先到那里取回，却不是我之功?'遂整行囊，竟往幽州去了"。在"夜杀谢金吾"一段，当他得知杨景要回汴京时，就先偷偷地到半路上的树林里躲着，等候杨景一行；被杨景呵斥并以赏许诺，让他回三关时，他先是辩说想到京城游玩观赏；未获允准，就要赖要先到京城去传扬杨景私离三关，令杨景哭笑不得，只好带他同去。到京城后不几天，就耐不住无佞府的约束，死搅蛮缠地让看守他的军士悄悄带他去观赏景色，并要在饮酒到更尽之后观游夜景。当他走到谢金吾府前，听到里面正"大吹细擂"，被众军告知"是汝本官对头，乃当朝第一幸臣，最有威势，今领着旨来拆滴水天波楼"时，便"杀心顿生"，不顾军士的劝阻，拔刀入府，怒杀谢家一十三口奸佞子孙，又题诗留名。

孟良、焦赞勇猛、刚烈、重义气。他们归顺杨景之后，镇边征讨，

《李光弼》 （清） 福建漳州

屡建奇功，诛杀奸佞，维护正义。孟、焦成为忠臣良将的化身，激励着人们的爱国主义思想。在明清戏剧和说唱文学中，一系列脍炙人口的杨家将形象影响很大。清代以来，杨家将剧目多达几十种，其中以描写焦赞、孟良为主的有《神火将军》、《孟良盗马》、《焦赞发配》等。根据杨家将故事，焦赞曾辽营盗马，由此，这对门神常贴于牛棚马厩。

穆桂英与梁红玉的故事

门神中还有巾帼英雄的形象，温州民间的太阴宫、陈十四娘娘宫门前画女门神已有很长的历史。因为里面供奉的菩萨都是女的，所以宫门前也用女门神站岗。画的都是唐朝女将，中门左边樊梨花，右边薛金莲；左门窦仙童、陈金定，右门刁月娥、黄金玲。北方最著名的女门神是巾帼英雄穆桂英和梁红玉。

在我国的传统戏剧中，“杨家将”的剧目占有很大的比重。在“杨家将”中，关于穆桂英的故事传说最为脍炙人口。在老百姓的心目中，穆桂英是我国古代巾帼英雄的代表。穆桂英是穆柯寨穆羽之女，武艺超群，机智勇敢。传说有神女传授神箭飞刀之术。后与杨宗保交战，生擒杨宗保并招之成亲，归于杨家将之列。以穆桂英为主要人物的剧目就有《穆桂英挂帅》、《战洪州》、《杨门女将》等。

门神《尉迟恭　秦叔宝》　（清）

《穆桂英挂帅》说的是杨家将屡次率兵击溃外敌的入侵，保住了大宋江山，使得天下太平。作为杨家孙媳的穆桂英随年迈的佘太君辞官还乡，安居20载，又遇上了东安王造反。佘太君关心国家安危，命重孙杨文广、杨金花兄妹赴汴京探听消息。适逢宋王在校场上选拔将才，奸臣王强之子王伦，武艺平庸，却气焰万分。王强向宋王力保王伦为元帅。杨文广兄妹不服，冲进校场，与王伦比武，刀劈王伦。宋王原先以为杨家已绝后，正苦于无人领兵平乱，今见杨家还有这武艺高强的杨文广，并得知女英雄穆桂英尚健在，便将帅印交给杨文广，封穆桂英为征东大元帅。杨文广兄妹携印回家，穆桂英见帅印感慨万分，想杨家世世代代为国尽忠，穿破了无数铁甲，磨坏了多少鞍镫，在沙场上冲锋陷阵，保宋数十载，牺牲了多少英雄好汉，更恨宋王昏庸，奸臣当道，故迟迟不肯接印。佘太君见穆桂英犹豫，说了卫国安民的道理，并要亲自带兵去平番。穆桂英见白发如银的佘太君还有当年勇，难道自己就没有了当年的威风？便决意重整旗鼓，发兵剿灭反寇。辕门外三声炮响，穆桂英披上了铁甲，威风凛凛，在天波府调兵遣将，斥训了杨文广骄傲轻敌，整顿军风。佘太君亲到校场饯别。瞬时金鼓震天，旌旗蔽日，杨家老小英雄个个精神抖擞，气概昂扬。穆桂英率领大军，浩浩荡荡，向边塞进发。

《战洪州》说的是辽、宋争战，杨延昭被困洪州，杨宗保突围求救。朝廷命穆桂英挂帅，杨宗保先行率大军驰援洪州。杨宗保违令贸然出兵，伤亡颇重。穆桂英无奈，对宗保绳之以法，重责四十军棍。事后又动之以情，夫妻和好如初，同心协力，破敌解围。

《杨门女将》说的是天波杨府的英雄儿郎大都已在抵御外侮的战争中为国捐躯，只余下一线单传的杨宗保镇守边关，防御西夏，他的儿子杨文广在家练习武艺。这一天，正当年已百岁的佘太君率子媳柴郡主、孙媳穆桂英母子等举行家宴，庆贺杨宗保五十寿辰之时，忽然晴天霹雳，传来杨宗保因夜探葫芦谷，中敌箭牺牲的噩耗。杨家又殒将星，欢乐顿成悲愤。但宋皇却慑于敌人西夏王王文成威势，听从兵部尚书王辉之言，有屈辱求和之意。佘太君既悲爱孙阵亡，更担心边防空虚，在丞相寇准的帮助下，她向宋皇痛陈利害，力斥求和谬论，自请挂帅御侮。杨家众女将也敌仇同忾，纷纷请缨杀敌。

宋皇不得不改变初衷，决心抗敌，命佘太君亲自挂帅，率领众女将出征。校场点将发兵时，杨文广年幼志大，要求随军上战场杀敌。佘太君思虑再三，最后下令穆桂英同杨文广比武，以便察考杨文广的武艺。在比试时，穆桂英见到自己的儿子骁勇非凡，喜杨门后继有人，让了他三分，成全了杨文广从军之愿。佘太君率众女将旗开得胜，敌帅王文只得高悬免战牌，深沟高垒，企图等待宋师粮尽援绝。佘太君料想杨宗保生前曾夜探葫芦谷，谷中必有栈道可袭敌营，打算暗度陈仓，奇兵制胜。正好穆桂英也想到此点，进帐请示。于是决定派穆桂英、杨文广、杨七娘等由杨宗保生前马童张彪引领，入山寻路。最后，得到山中采药老人的帮助，发现栈道。内外夹攻，尽歼入侵敌军，凯旋回朝。

穆桂英（门神）
（清初中叶） 四川夹江

封建时代的妇女地位十分低下，小说戏剧中描绘的杨门女将冲破了封建制度的桎梏，具有鲜明的个性和强烈的忠君爱国思想。以穆桂英为代表的巾帼英雄的业绩数百年来一直受到民众的爱戴和敬佩。以穆桂英为代表的女门神在四川门神画中一直受到群众的欢迎。

梁红玉在历史上实有其人，因为帮助夫君韩世忠在黄天荡阻击金兵而名垂青史。梁红玉出身于清寒之家，曾流落青楼，在1121年与南宋抗金英雄韩世忠相遇，结为夫妇。在战场上成为韩世忠将军的贤内助。1130年，金军入侵南宋，在黄天荡被韩世忠的军队挡住去路。韩世忠的军队只有八千人，而敌军却超过十万人。梁红玉亲自挥旗击鼓，指挥士兵作战。宋军尽量利用埋伏，并用“火箭”攻打敌人。人数虽少，但在梁红玉的指挥下，却个个士气高昂，奋勇杀敌。梁红玉不但亲临战阵，有巾帼英雄之气概，而且亲编草荐绳帘为将士御寒。作战时抚伤慰疾，悉心照料受伤的士兵。韩世忠的军队以弱胜强，成功地使强大的金国军队受困，打了一个辉煌的大胜仗。

梁红玉不但在战场上身先士卒，而且在后方几经战争破坏的地区，亲自组织当地一些妇女，重建家园，安顿难民。1135 年她因病逝世。宋高宗得知梁红玉去世的消息，特地赐给她的家人贵重的礼物，以示哀悼，并对她的贡献表示赞扬。

《穆桂英大破天门阵》《中国美术全集·民间年画卷》

梁红玉对丈夫的忠心、协助丈夫保卫国家的壮举以及英勇作战的精神，使她成为中国历史上一位杰出的女性，留名青史。她与穆桂英一起成为门神画中女门神的代表。

文官门神与赐福门神的故事

从民间门神内容的发展历程来看，从早期以护宅、驱祟、镇邪为主题，逐渐渗透、拓展到民众物质和精神生活的很多方面，到了后来，对人自身幸福的追求与美好祝愿逐渐成为门神艺术的主题。由于门神艺术具有稳定的传承性和广泛的受众性，加上制作艺人善于灵活吸收其他民间美术的表现之长和儒家思想的理学观念，使得门神艺术中除表现求神、护宅、佑生的内容外，更多地增添了表达世俗性生活欲望的内容。这些都不断地丰富和拓展了门神艺术的表现空间，从而使这种古老民俗艺术的文化内涵日趋厚重，并具有更强的表现力和生命力。门神发展至明清时期，与早期人们祈求的初衷已有所不同。这一时期的门神多为文官门神和赐福门神，一般贴于室门上，称做“门官”。文官门神大都与升官发财有关，而祈福门神却与多子多福、福寿延年挂钩。此外，还有喜神、和合二仙、刘海、招财童子等。看门上所贴便知道房内主人的身份。高堂上房为尊，要贴《福禄寿》、《五子登科》之类；陪房则贴《火塘寨》、《长坂坡》等；下房住子孙等人，要贴《麒麟送子》、《三娘教子》之类；屋内要贴《岐山角》、《马上鞭》之类。和其他民间美术一样，在门神艺术中，人们表现世俗的福、禄、寿、禧、财“五福”题材，以及其他表达他们美好愿望的世俗题材时，经常是含蓄的，它主要采用象征、隐喻、谐音、双关、附会、比拟、借喻等艺术手法，都是以含蓄而委婉的方式，巧妙地表达出人们美好的心愿。

《五子登科门神》　江苏南通　陶思炎先生收藏　程波涛 摄

天官赐福

中国民间天官赐福信仰很普遍，人们敬奉天官，祈求天官赐福。所以“天官赐福”的吉祥图或年画也很常见。图上画着慈祥和气的天官抱着如意，五个童子各捧吉祥物围绕在他身旁；或者天官抱着五个童子，童子手中分别捧着石榴、仙桃、佛手、梅花和吉庆花灯。图画寓意福星高照、吉祥富贵。也有把天官画成身穿大红袍的一品官员，手中拿着展开的“天官赐福”诰命，上面有蝙蝠从天飞来，意指上天降福人间。

《福天官》(门神）（清初） 北京

柴王推车

“柴王推车”是开封年画的重要题材。柴王即后周世宗柴荣。柴荣年轻时曾以推车卖雨伞为生，即位后励精图治，为国家铸聚钱财。后人把推车卖伞和铸聚钱财之事融为一体，构成“推车满载聚宝盆”的形象。画中柴王用力推着满载金钱的车，车上的金钱遍撒所经之处。此画取贵人送财、吉祥富贵之意。有人又称此画为小财神。

福禄寿

“福禄寿”是门神画的主要题材。画中间戴官帽者为“禄”星，一侧持羽扇者为“福”星，持杖者为“寿”星，俗称“三星高照”，分别象征幸福、官禄、长寿。福、禄、寿相伴一生是人们的理想，所以此画深受民间喜爱。画中有三个孩童在三星膝下嬉戏，又有“禧”意。因此，也有称此画为“福禄寿禧”的。

加官晋禄

“加官晋禄”又名“加官晋爵”，步步高升是做官的愿望。画中官员手持如意，有鹿伴随身边，身后一童举灯，有“再登高官”、“再晋爵位”之意。

五子门神

“五子登科”是门神画的常见题材，富有多子、望子成龙的意

《寿天官》(门神) (清初) 北京

思，是人们的一种理想。此类年画版式较多，画中五子个个活泼向上，有的持灯（登），有的持莲和笙（连升），有的持如意，有的持盔（魁），有的持牡丹（富贵），有的持石榴（多子），有的持橘（吉），有的持花瓶（平安），有的持桃（寿），寓意“多子”、“连登”、“连升”、“夺魁”、“平安富贵”、“吉祥如意”等，深受百姓喜爱。“五子登科”典故出自《三字经》：“窦燕山，有异方，教五子，名俱扬。”据《宋史·窦仪传》记载：宋代窦禹钧的五个儿子仪、俨、侃、偁、僖相继及第，故称“五子登科”。

窦燕山，原名窦禹驳，因他居住在幽州（现在北京），故称窦燕山。

窦燕山出身于富庶的商人家庭，家道昌盛。但他最初为人心术不正，专用大斗进，小秤卖，费尽心机坑蒙拐骗，以势压人。贫民百姓痛恨他的为富不仁，却没有力量主持公道。窦燕山昧良心、灭天理的行为激怒了上天，使他 30 岁了还膝下无子。

有一个夜晚，他做了一个梦，梦到他去世的父亲对他说：“你心术不好，品行不端，恶名已经被天帝知道。以后你命中无子，并且短寿。你要赶快悔过从善，大积阴德，广行方便于劳苦大众，才能挽回天意、改过呈祥。”窦燕山醒来，历历在目，于是决定重新做人。

有一天，窦燕山路宿客栈，偶然捡到一袋银子。他为了能让银子物归原主，在客栈等了一天，终于等到了失主，将银子完璧归赵。

失主感激万分，要以部分银子相赠，他分文不取。他家乡有不少穷人，娶不起媳妇，女儿因为没有钱买嫁妆而嫁不出去，窦燕山就把自己的银两送给他们，帮助他们嫁娶。窦燕山还在家乡设立学堂，请有学问的老师来教课，把附近因贫穷而不能上学的孩子招来免费上学。窦燕山如此周济贫寒，克己礼人，因此积了大阴德。

此后，一个晚上，窦燕山又梦见自己的父亲。老人告诉他："你现在阴功浩大，美名远扬，天帝已经知道了。以后你会有五个儿子，个个能金榜题名，你自己也能活到八九十岁。"他从此更加修身养性，广做善事，毫不怠慢。

门神《五子天官》 （清） 河南朱仙镇

后来，他果然有五个儿子。由于自己重礼仪、德行好，且教子有方、家庭和睦，窦家终于发达了。他的长子名仪，任礼部尚书；次子名俨，任礼部侍郎，两个人均被任命为翰林院学士。三子名侃，任补阙；四子名偁，任谏议大夫；五子名僖，任起居郎。当五个儿子均金榜题名时，侍郎冯道赠他一首诗："窦燕山十郎，教子以义方。零春一株老，丹桂五枝芳。"

刘海戏金蟾

在民间诸神中，刘海的知名度也很高。地方戏曲如湖南花鼓戏中即有《刘海戏蟾》、《刘海砍樵》剧目，民间年画中以此为题材的吉祥画，更是比比皆是。

刘海是五代、宋初时道士。本名刘操，字昭远，又字宗成。又叫刘哲，字元英。燕山人，曾为辽朝进士，后事燕主刘守光为丞相。

平昔“好谈性命，钦崇黄老”。一天，有个道士自称正阳子来见，刘操待以宾礼，道士为其演“清静无为之宗，金液还丹之要”。后索鸡蛋十枚，金钱十文，以一钱间隔一蛋高高叠起，若浮图状（即叠成塔状）。刘操惊叫起来：“太危险了！”道士对他说：“居荣禄，履忧患，丞相之危更甚于此！”刘操顿时恍然大悟。这个正阳子据说就是钟离权，特意前来点化他的。

《和合二仙》 广东佛山

乾化元年（911 年），刘守光僭称燕帝。刘操谏之不听，遂托疾挂印而去，并改名刘玄英，道号“海蟾子”，遍游访道，后遇吕纯阳传授秘法，乃修真得成仙道，遁迹于终南山、太华山之间。道教全真道奉其为北五祖之一。全真道为金代道士王重阳所创，为标榜其道统源远流长，故又尊王玄甫（东华帝君）、钟离权、吕岩（吕洞宾）、刘操（刘海蟾）四人为祖师，合称“北五祖”。元时，世祖忽必烈封刘海蟾为“明悟弘道真君”，至元武宗时又加封为帝君。

刘操出家后，改名玄英，道号海蟾子，人多呼其刘海蟾，这个名字就越来越响亮，后来又将刘海蟾拆开，称其名为刘海。剩下的“蟾”字，为“蟾蜍”之“蟾”，渐而又讹为“刘海戏蟾”了。刘海戏金蟾的说法广泛流传，清时更有人编出刘海显化人间戏金蟾的“仙迹”。

清人盂籁甫在《丰暇笔谈》中说，苏州有个大商人贝宏文，世居阊门外南濠，行善乐施。康熙年间，有个不相识的男子自称阿保，找上门来要当佣人。贝宏文答应了。阿保干活很卖力气，给他工钱，坚辞不受，有时一连几天不吃饭也不饿，贝家很惊异。他刷洗尿壶时，竟能翻其里洗刷，刷完再翻过来。陶瓷东西在他手里，像羊肚似的柔软。贝家更惊奇了。元宵节时，阿保抱着小主人去看灯，半夜未归，家里人十分着急。直到三鼓始归，主人责怪他，阿保说："这儿的灯不热闹，我带小主人去了一趟福建省城，那里的灯才漂亮呐！主人何必着急呢！"贝家人哪里肯信？不料，小主人从怀中掏出一把鲜荔枝，让父母尝尝。大家才知道阿保是个异人。

又过数月，阿保"汲井得三足大蟾蜍，以彩绳数尺系之，负诸肩上，喜跃告人曰：'此物逃去，期年不能得，今寻得之矣。'于是乡里传述，以为刘海蟾在贝家，争往看之，至拥挤不得行"。此时，人们只见"负蟾者举手谢主人，从庭中冉冉乘空而去"。

明清时期，刘海戏蟾的吉祥画已十分流行。在民间版画中，刘海被彻底地返老还童了，他成了个丰满可爱的胖小子模样，并且成双成对，穿红披绿，笑逐颜开，两手各提一串金钱，画面再配以三足金蟾、喜蛛、荷花、梅花，象征着欢天喜地、生活富裕。

民间还流传着"刘海戏金蟾，步步钓金钱"的俗语，故又有"刘海戏金钱"的说法。于是，刘海又被视为钓钱散财之神。旧时结婚时人们常张贴此类画，以取吉利，表示日子越过越发，富裕美满。在传统年画《福字图》中，刘海戏金蟾与和合二仙、天官、财神、麒麟送子、状元及第等合绘在一起，充满了吉祥、喜庆的气氛，很受人们欢迎。①

和合二仙

和合二仙是我国民间的爱神。他们手持的物品，件件都有讲究的。那荷花是并蒂莲的意思，盒子是象征"好合"的意思，而五只蝙蝠，则寓意着五福临门，真是大吉大利。实际上和合二仙本是肉

① 马书田：《图说中国三百神》，23～26页，上海，上海三联书店，2007。

《寒山拾得》　（清）

身凡胎，并非仙人，他们都是唐代人。他们的名字，一位叫寒山，另一位叫拾得，寒山和拾得都是僧人。寒山是个诗僧、怪僧，曾隐居在天台山寒岩，因名寒山。寒山的诗写得很美，而脾性又十分怪癖，常常跑到各寺庙中望空嗓骂，和尚们都说他疯了，他便傻笑而去。他在国清寺曾当过厨僧，与寺中的拾得和尚相见如故，情同手足。拾得是个苦命人，刚出世便被父母遗弃，抛弃在荒郊，幸亏天台山的高僧丰干和尚化缘路过其处，慈悲为怀，把他带至寺中抚养成人，并起名“拾得”，在天台山国清寺将他受戒为僧。拾得受戒后，被派至厨房干杂活。当时寒山还没到国清寺，但拾得常将一些余羹剩菜送给未入寺的寒山吃，他俩真谓贫贱之交。国清寺的丰干和尚见他俩如此要好，便让寒山进寺和拾得一起当国清寺的厨僧，自此后，他俩朝夕相处，更加亲密无间。寒山和拾得在佛学、文学上的造诣都很深，他俩常一起吟诗答对，后人曾将他们的诗汇编成《寒山子集》三卷。这两位继丰干以后的唐代高僧，于唐代贞观年间由天台山至苏州好利普明塔院任住持，此院遂改名为闻名中外的苏州寒山寺。我国民间珍视他俩情同手足的情意，把他俩推崇为和睦友爱的民间爱神。至清代，雍正皇帝正式封寒山为“和圣”，拾得为“合圣”，和合二仙从此名扬天下。

《刘海戏金蟾》　桃花坞年画　杨卫华 摄

第四章 文学艺术中的门神

古典诗词中的门神

明代才子祝允明（号枝山），曾有诗赞门神。据清代《坚瓠癸集》记载，祝枝山去拜客，茶罢叙礼而退。主人送客到门口，祝枝山见门神画得精彩，一个劲地称赞，并应主人的请求，留下一首《门神赞》：

手持板斧面朝天，随你新鲜中一年。
厉鬼邪魔俱敛迹，岂容小丑倚门边。

明代冯梦龙的山歌《咏门神》系“君心忒忍，恋新人浑望旧人”的怨词，却围绕新旧门神画做文章，全用门神口气，以民歌形式，写出了新年更换门神的风俗。

“记得去年大年三十夜，捉我千刷万刷，刷得我心悦诚服。千嘱万嘱，嘱得我一板个正经。我虽然图你糊口之计，你也敬得我介如神。我只望替你同家日活，撑立个门庭。……并弗容介个闲神野鬼，上你搭个大门。……郫间贴得筋疲力尽，磨得我头鬓蓬尘，弗上一年个光景，只思量别恋个新人。……遇着介个残冬腊月，一刻也弗容我留停。你拿个冷水来泼我个身上，我还道是你取笑；拿个筅帚来支我，我也只弗做声。……我吃你刮又刮得介测赖，铲又铲得介

《执锤门神》 李跃忠 摄

尽情。结识私情像门神，恋新弃旧忒忘情。”

清翰林院编修蒋士铨的《门神》诗也描写了新年贴门神的风俗：

倚傍谁何宅，张施将相形。
尊疑封户牖，贵比列丹表。
面目随年改，精魂入夜灵。
穿窬岂公惧，聊托壮门庭。

清代不少文人写有门神诗。吴县张星《换门神》诗云：

门神门神须眉古，终岁为人守门户。
家家除夕一更新，桃符旧例今犹循。
送以爆竹迎以酒，及瓜而代无先后。
一神左、一神右，门前阅尽人奔走。
君不见金门画戟更画虎，今日将军昔开府。
主人迭换转无常，门神依旧须眉古。

清代戴璐《藤阴杂记》说：“新年倒贴门神，查他山、唐实君全传诵已久。近赵瓯北翼作，更欲突过前人。”赵翼有一组门神诗，其中一首：

漫嗤两脚踏空虚，身已离尘迹自疏。
甘守仓琅监锁钥，肯随朱履上堂除。
无言似厌人投刺，含笑应羞客曳裙。
暮夜金来君莫受，防他冷眼伺门闾。

“甘守仓琅”，仓琅即《汉书》“木门仓琅根”所说的门上铺首。诗中说，门神与金铺为伴，司“监锁钥”之职，掌管门禁出人。另一首写辟邪：

剑笏森森谨护呵，东西相向伊谁何？
满身锦绣形空好，一纸功名价几多。

辟鬼漫同钟进士，序神还让寇阎罗。

欲稽故实惭荒陋，或仿黄金四目傩。

剑笏森森，把剑武门神，持笏文门神。东西相向，人家门户多坐南朝北，门扇上相向而立两门神，一向东，一向西。为什么说满身锦绣是“形空好”呢？因为说到底，不过“一纸功名”——纸上画像而已。至于门神的典故，末一句“或仿黄金四目傩”，赵翼假设：门神大约是模仿汉代岁末宫中逐疫大傩仪式里的首要角色——方相氏。《后汉书》记：“方相氏黄金四目”。

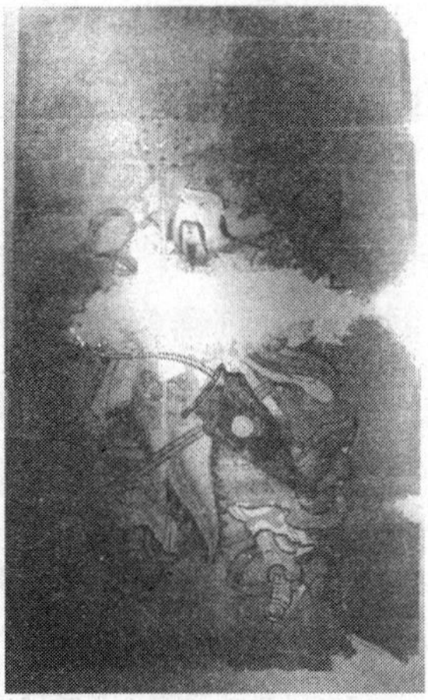

《执锤门神》　李跃忠 摄

古代小说中的门神

从古代小说中，也可以看到门神文化在民间的普及。

《夷坚志》是宋朝著名笔记体志怪小说集，南宋洪迈撰，始刊于绍兴末年（1162 年），绝笔于淳熙初年（1174 年）。其书名取《列子·汤问》“夷坚闻而志之”之意，记述了宋代诸多的城市生活、人文掌故、奇闻趣事，内容涉及三教九流、宗教信仰、诸子百家，搜罗广泛，卷帙浩瀚。有不少话本和戏曲都取材于《夷坚志》故事。其中还有一则与门神有关的《五郎鬼》故事，内容大意：钱塘有一个女巫名叫四娘，对人托称被“五郎鬼”附体，有人向她询问吉凶善恶，鬼作人语回答。有人向她询问自己的先世来历，也一一契合。所以大家都很相信女巫的灵验。四娘名气大起来，有王府请她去。她去了，可五郎鬼却没跟进去。四娘心里无底，一副恭敬而不安的样子，自然无神通可显。过了几天，四娘至灵隐寺，五郎鬼喊她。四娘问其至韩府为何不应命，五郎鬼回答说：“门神御我于门外，不能达也。”

清代蒲松龄《聊斋志异》中写了门神捉小偷的故事，篇名《鹰虎神》。篇中描写，济南府东岳庙“大门左右，神高丈余，俗名‘鹰虎神’，狰狞可畏”。故事讲，一个小偷潜入道士寝室，盗钱三百，逃出城。刚要上山，“见一巨丈夫，自山上来，左臂苍鹰”，面铜青色，依稀似庙门中所见者。这正是东岳庙鹰虎神之一。小偷先自蹲伏战栗了，神喝问：“盗钱安往?”故事的结尾，小偷乖乖地把三百钱送回东岳庙，跪在那里认错。蒲松龄笔下的鹰虎神，就是东岳庙的门神。其形象，具有威慑力。他离开“门岗”，去堵截偷盗者。

清代袁枚的志怪小说《子不语·误学武松》说：“古礼门为五祀之一，今礼久不行”，以至见杭州一户姓马的人家“祭门神甚敬”，竟要问：“君家独行之，何也?”原来，马家主人看《水浒》入迷，学武松，杀了犯淫的嫂子。女鬼找上门来理论：“吾夫杀我可也，汝为小叔，不当杀我。”只是被“门神呵禁”，进不得大门，在门前对醉归的奴仆言明缘由，发泄了一通。

绵竹年画《双阳鞭》 陈刚 杨卫华 摄

古代曲艺中的门神

涉及门神的俗曲有《五圣朝天》，是说腊月二十三这一天五位神圣（门神爷、土地爷、龙王爷、兔爷、灶王爷）到玉皇大帝那里去诉苦的神话故事，很是风趣幽默，生活气息浓郁。很多单弦演员都能演唱这个曲目。

【曲头】爆竹一声响，需得家家祭灶王。这本是那年终的旧制，不敢违抗，灶王爷上天言好事，下界降吉祥。

【数唱】他供上了糖瓜与糖饼，这关东糖与南糖。他还有那草节与料豆儿，就把清茶斟上。也买来的芝麻秸儿还有松柏枝儿，那元宝千张。有这小双包儿一对，还有一股高香。他叩拜已毕，也赶紧得焚化了钱粮。灶王爷他是一缕轻烟，就直奔了天堂。他来在了南天门上，要细看个端详。也但则见诸神与众圣，都手捧着本章。这就忽听得金钟儿三响，那南天门开放。

【倒推船】太白金星忙传旨，有本出班将本呈上。若是无本卷帘朝堂放。

《麒麟送子》 桃花坞年画 杨卫华 摄

【南城调】那门神爷跪至在这丹墀以上，他口尊声万岁说臣有本章。说臣本是唐朝的那两员上将，也只皆因那唐王游地狱我才把这个门神来当。可虽然说我成了这门神也不给我安葬。可叫这个印刷局把我成了一个大发行。把我纸相贴在这大门以上，您说我这两只脚也着不着地，我两只手也扶不着墙。那大家主的门神，时不常的能把门包来要。那小家户的门神，那差事可更难当。赶一到了年节，我得替他们搪账。那账主子一推门，为臣我心里发慌。有山东爷们的嘴巴，在我脸蛋儿上常放。还有那山西爷们，这带火儿的烟袋锅子愣往脑袋上头梆。这醉鬼回家，他抬起脚来就踹，那小孩儿又淘气，他给撕了我的衣裳。赶到夜晚有贼，他前来偷盗，他用刀子这么一拨门，差一差我开了膛。我这大门的门神，我管不着这内庭里的事。要说那单扇门的加官儿，这差事可更难当。赶到了冬天得用他搪风，推出去可连夜的受冻。赶一到了夏景天，拿我就当了凉床。用这两条板凳，把为臣我支上。还有那不开眼的臭虫，跑我脊梁沟上去租房。那位大爷要安歇，他往门板上一躺。硌得这为臣，我也不敢嚷嚷。赶睡到了半夜，这位大爷要告便儿。嚯，他拿起来个尿尿盆，可放置在了我的胸膛。可巧这新买的尿盆儿，有一个渗眼，那尿水子流了我这为臣的一腮帮。也熏得这为臣，我这膨闷涨饱。嘿嘿！为臣我不贪赃可多少也得贪点赃。赶一到了白天，就往太阳地里一晒，他哪是这晒臭虫，可拿我就当了泯王。这就搬起了为臣，在那台帮石上愣撞。他竟顾着撞臭虫，为臣我被了伤。这开水壶一浇，哈哈，这个招可真损，他竟顾了烫臭虫，为臣我成了汤羊。我奏请开缺，说是臣不胜任，我望求万岁您另选一位栋梁。

【怯快书】那言还未尽有人答话，在一旁跪到了老龙王。那龙王爷跪在了丹墀上，他口尊万岁说是臣有本章。臣在下方我居了王位，可改换了民国我才受点窝囊。那住家主谁把我龙王供，我只好歇凉就在井台儿上。那倒水的哥们儿发了慈善，他给为臣我盖了间房。这个面宽倒有一尺二，这个进深才有八寸长。这为臣我坐在里边，山门外头露一半，我站起来哈着腰这个脑壳顶房梁。他们永远不懂得上回供，唉，饿得为臣前腔贴了后腔。这好容易有六百多年掏回井，这才犒了为臣我一股高香。那井台儿的龙王不好受，嚯，那自来水的龙王更难当。有一顶铁帽头上戴，我终日站岗在马路旁。我这两个咂子直流水儿，大家伙儿说你们瞧，那龙王爷得病，他长了奶疮。因此为臣谋外任，这现而今这个外头的事情更难当。在那旷野荒郊盖个小庙，这个庙的后面就开了茅房。他们时不常地净打架，动不动地这个闹饥荒。白天去看高粱地，他那夜晚去查芦苇塘。老天不降甘露雨，那时为臣我遭了殃。这乡下也有无二鬼，把为臣夹起他就扔在了大道旁。我最怕叫驴这来打滚儿，那野狗抬腿可尿浇脊梁。也晒得为臣干裂纹儿，我这大片不住地掉衣裳。我堪堪剩下了四根棒儿，几乎栽倒大道旁。老天降下了甘露雨，嘿，为臣的乐子可不寻常。有八抬大轿抬起走，他们吹吹打打绕乡庄。那吹鼓手绝不该吹打花得胜，愣说是山神爷成家可要娶龙王。就仍然拿回了小庙内，这大家起哄要开光。那乡下哥们谁会垛泥匠，乱七八糟把神像装。他们买了些个泥金烂账本，浑身上下给我糊上。也只糊了三天并三夜，大家伙儿一瞧拧了簧。说龙王爷为什么脸上贴金三瓣子嘴，耳朵倒比脑袋长。这错塑神像不要紧，绝不该他们塑个小鬼儿扛着枪。我不知哪时犯了火，我这枪毙的罪过更难当。奏请开缺说是臣不胜任，望求万岁您另选栋梁。

桃花坞年画《小门神》 杨卫华 摄

【靠山调】土地爷眼泪汪汪，他就双膝下跪，他口尊声玉帝，说臣也有本章。说臣在下方我的官职虽小，管的地方儿很大。为臣我是个地面官，我保佑一方他们募化十方。有小和尚们化缘，给我盖了个小庙，他们就催开了香火，哎呦招了来些个善男信女，给我上供烧香。人家撂的香钱，他们全都分了，没有我的份。他们上的供啊全吃了，也不叫我尝。还在我这香炉里头，他们就抓开了炉药。让那病人喝了啊，他们还愣说是捉黄。说那住家主也把，我这土地来供。我可上不了桌面，我就供桌底下藏。这一年到头啊，我都见不着香火。好容易到了腊月三十，给我三碗小供还有一炷高香。给我新油化的衣裳，有点桐油的味儿大。赶到了后半夜儿，那不开眼的耗子出来，可闻见桐油味儿，净啃我的脊梁。有那三碗小供啊，什么蜡头啊，它们撇开了往窝里头搬运。那耗子尾巴没留神，碰躺了香根儿，就烫了我的腮帮。这一下把胡子全给烧了，土地奶奶第二天一看，哎，小鬼儿，你们起来观看。啊，你们土地爷这一没胡子，就变成了老茬儿光。我也是奏请开缺臣不胜任，我望求万岁另选栋梁。

【梅花调】兔爷我上了金殿，小脸儿都焦黄。我尊了声我主万岁，臣也有本章。我说道是神仙苦来没有兔爷苦，为臣在下方受尽了凄凉。你们谁见过和尚们化缘盖过兔爷的庙，为臣我出生就在耍货儿的摊上。兔爷我顶盔贯甲冒充武将，身穿着大红袍我没坐过正堂。兔爷我多会儿也卖过油葫芦？兔爷我多会儿卖过酸梅汤？一到了中秋的佳节，都给我上供，供上了果子月饼一股高香。我最怕小孩儿拿我当玩意儿，抱出来抱进去心里头发慌。我猛听得“啪嚓”一声掉在了地上，摔得我脑浆迸裂不敢嚷嚷。有人说，兔爷要摔了不叫扔，掺一点青灰就把火炉子来搪。那个老灶王拿我开心，说个弄块兔肉脯。我说老灶你别拿我开心哪，这是我做官的下场。兔爷我奏请开缺，臣不胜任，我望求万岁皇爷另选栋梁。

【云苏调】那兔爷谢恩就下了殿，在旁边跪定了老灶王。说臣本是东厨的司命主，有人说我姓李又说我姓张。说为臣最怕那连二灶，我见天见抱着一个罐子就把丧主当。每天是煎炒烹炸，各式各样都在我的眼前放。可是他们净让我瞧着，也不让我尝。说那个锅盔木的炉子是个小白脸，他见天见舒舒服服地住在上房。说那铁炉子生了来是又黑又胖，他不知那什么时候练得那身子骨强。那个洋炉子生来是个新式的样，哎，你别看他那身量不高他的脖子挺长。有那个橐驼炉子，在红白棚里是三天两宿，多会要不用了，噔噔踹我两脚，给我一个大开膛。在那屋里头有那地炉子，白天做饭可晚上烧炕，可是闹得为臣我两头忙。那老头登着火净烤汗脚，还有那老婆烤火他们就不在行。那小孩儿的尿垫子放在了肩膀上，一烤出那种气味真是熏得慌。还要那吊炉烧饼的炉子也就活受罪，见天见不打不骂拿着铲子就喀哧我的上膛。

清代石成金撰《笑得好》有则小笑话讽刺“心毒貌慈”者：一人买门神，误买道人画，贴在门上，妻问曰：“门神原是持刀执斧，鬼才惧怕，这忠厚相貌，贴他何用?”夫曰：“再莫说起，如今外貌忠厚的，他行出事来，更毒更狠。”乾隆年间《笑林广记》中笑话《白伺候》，描绘了门神的无奈境地：夜游神见门神夜立，怜而问之曰：“汝长大乃尔，如何做人门客，早晚伺候，受此辛苦?”门神曰：“出于无奈耳。”曰：“然则有饭吃否?”答：“若要他饭吃时，又不要我上门了。”

桃花坞年画
《平安吉庆》 杨卫华 摄

古代戏剧中的门神

有关门神的元杂剧

元杂剧中包含有丰富的民俗资料，有一出《丁丁当当盆儿鬼》，就提到了新年贴门神的故事。此戏是后来京剧《乌盆计》的原型，说的是北宋时汴梁扁担货郎杨国用出外做生意，被盆罐赵杀害，烧成骨灰，将骨灰和泥做成陶尿盆，送给了邻居张老汉。张老汉夜里经常使用此盆，盆内鬼魂不堪其苦，呼喊鸣冤。老汉问陶盆，既是鬼魂，怎进得屋来？鬼魂回答是随着盆儿躲在你衣襟下进屋的。张转身斥责门神道："好门神户尉也，你怎生把鬼放进来了，俺要你做什么？"且唱道："俺大年日将你贴起，供养了馓子茶食，指望你驱邪断祟，指望你看家守计。呸！俺看你，画的这恶支杀样势，莫不是盹睡了？……手捋了这应梦的钟馗！"张老汉指骂并手撕门神画。赵老汉了解到杨国用的冤魂在此陶盆中，便带上那盆儿去开封府衙门为盆儿鬼叫屈喊冤。包拯出堂问案，张老汉陈述盆内冤情。当包公细问盆儿时，盆不做声，老汉甚窘，退出大堂。过后张老汉又去为盆喊冤，到了堂上，盆儿依旧不做声，老汉又被送出大堂。这时盆儿鬼对张老汉说："不是我不过去，只被那门神户尉挡着，不放过去哪！"张老汉第三次上堂，向包公说明："只为你那门神户尉一似狠那吒（佛教毗沙门天王太子，常以维护佛法为事），将巨斧频频掐。他是一个鬼魂儿，怎教他不就活惊杀？"包公道："是是是，大家小户有个门神户尉，那屈死的冤魂，被他挡住，所以进来不得。张千，你去取将金钱银纸来……"祭罢，念念道："邪魔歪道当拦住，单把屈死冤魂放过来。"这次审问盆儿鬼，包公得到了"口供"，凶手盆罐赵终于被抓获，杀人者偿命，杨国用之冤仇得报。

从这出戏剧可以看出，元代民俗贴门神，民居住宅贴，官府衙门也贴；元代人有时也要为门神户尉烧纸钱。

《乌盆记》故事梗概：赵大跟妻子王氏在离村子较远的地方开了一座小盆窑，专门经营瓦罐生意，虽赚不了大钱，但也能填饱肚子。这几天，天公不作美，连日下雨，生意不好做。这时，忽听门外有人叫门，赵大开门一看，见两位浑身湿透的陌生人站在雨中。来人说："老人家，我们路经此地，赶上大雨，想借此处歇息歇息，不知行不行？"赵大打量来人，见他们穿戴整齐，像是做生意的，而且带着沉重的行李，连忙把他们让进屋。来人是扬州商人刘世昌和他的仆人。这刘世昌常年在外经商，发了点儿财。快到中秋节了，他准备回家探望父母、妻儿，与家人共度佳节，不料途中忽遇大雨，只得来到赵大家借宿。他吩咐仆人将行囊搬进屋，放到安全处，妥善保管。

这一切被赵大看在眼里，他暗暗琢磨：看此商人，穿衣打扮很不一般，一定是个有钱人。我开盆窑，辛辛苦苦地干也赚不了几个钱，何不如此……想到这，他对刘世昌倍献殷勤，嘱咐妻子王氏将刘的衣服拿去烘干，又吩咐赶快温酒做饭。他走出房门，来到后院，凑上前对正在做饭的妻子嘀咕了几句。王氏问："可行？"赵大小声答道："没问题。

《天师镇宅》 桃花坞年画
杨卫华 摄

我们这儿前不着村，后不着店，没人知晓。"不一会儿，王氏拿来一个小纸包说："这个东西放在酒饭里，保管他们一会儿就一命呜呼。"二人说着，嘻嘻地笑了起来。刘世昌和仆人吃完饭，想早些歇息，突然二人感到肚子疼痛难忍，像刀绞一般。他们挣扎着站起来，没走两步眼前一黑摔倒在地，口吐白沫，中毒身亡。赵大和妻子王氏将二人的尸体剁成肉酱，搅拌在泥土中烧成了黑色的盆子，取名乌盆。转眼两年过去了，这件命案无人知晓。一天，年近古稀的张别古，家中又没米下锅了。张别古以卖草鞋为生，他孤身一人，无儿无女，这两年草鞋生意不好做，常常是吃了上顿没下顿。这几天，他思来想去，忽然想起，镇子外的赵大两年前还欠自己的草鞋钱没给，不如今天去他那儿讨回鞋钱。来到赵大家门口，张别古举目四下观望：咦，两年前的草屋不见了，矗立在眼前的是一座高门大院。他不禁怀疑自己是不是走错了门。他敲了敲门，开门的正是赵大："老伯，你来我家做什么？""两年前，你欠我的鞋钱还没给，今日特意上门讨要。”赵大说：“我暂时没有鞋钱，不如我给你个盆儿，顶替你的鞋钱。别看这个盆子黑，它可有个好听的名字叫‘乌盆’。”无奈，张别古只好端着乌盆往家走。天色渐晚，张别古为抄近路，不走大道改行小路。当他走到离镇不远的荒郊时，忽然听见有个声音在叫：“张别古！张别古！”声音不大，但听着令人毛骨悚然。张别古四下扫视，荒野小路，不见一人，可声音是从哪儿来的呢？过了一会儿又听到“冤枉！冤枉啊！”的叫声，张别古循声查看，原来声音来自手中的乌盆。张别古顿时吓得汗毛竖立。他壮着胆“嗯！嗯！”地咳了两声，谁知鬼声不但没被吓走，反而再次向张别古发话。张别古吓得丢下乌盆，扭头便逃，哪知腿像被什么东西绊住一样，迈不开步。

乌盆再次发出声音：“求求您，把我带走吧！”张别古结结巴巴地说：“你，你是人，还是鬼？”乌盆道：“我是鬼！老丈，我知道您是个好人，您不要害怕，我只求您替我申冤，来日定报答您老人家，保佑您福寿康宁、无病无灾。”张别古想：不如我先答应下来，等走出荒郊回到家里，也许这个死鬼就不会缠着我啦！于是他答应了乌盆的要求，然后端起乌盆加紧赶路。回到家，张别古抓起一把灰撒在门前。听人说见了灰，邪神野鬼便不敢进来。哪知屋内又传来了“呜呜”的哭声。张别古吓得不由倒吸一口凉气，厉声喝道：“你是人，还是鬼？怎么到我家来啦？”只听那乌盆言道：“请老丈息怒，我确实是鬼。我有一肚子的冤屈，所以在此哭泣。”张别古说：“既然这样，你有何冤情就说吧！”于是，乌盆把自己的冤情向张别古一一诉说了，并请求张别古替他申冤。听完乌盆的诉说，张别古也很同情这个冤鬼，便满口答应：“好，我替你申冤。可是你是鬼魂，我是个人，怎么替你申冤呢？”乌盆说：“你就把这乌盆拿到开封府去，见到包大人，你就在盆边上敲三下，我就可以说起话来。”“好吧！”这时，天色已亮，张别古拿起乌盆，走出了家门。开封府大堂上，几经周折，乌盆终于开口讲话，向包拯诉说了自己的冤屈。包拯听罢，吩咐将乌盆入库，并下令捉拿赵大夫妇，使这两个恶人受到了应有的惩罚。

元代杂剧中涉及门神的还有郑廷玉所作的《包龙图智勘后庭花》。该剧写包拯明察秋毫，破获两桩命案的故事。剧情是：廉访赵忠得皇上所赐一女王翠鸾，赵妻担心日后自己失宠，命手下王庆杀死王翠鸾及其母亲。王庆与酒徒李顺之妻张氏有奸情，二人设计谋害李顺，让李顺杀人。李顺放走翠鸾母女二人，王庆乘机以此要挟他休掉张氏。李顺知道中计，愤然扬言要去告状。王庆索性杀了李顺，藏尸井里。翠鸾母女途中走散，翠鸾投宿狮子店时，店小二欲迫她为妻，以斧恐吓，见翠鸾被吓死，在她发间插一桃符，也藏尸一井底。翠鸾鬼魂夜间来到书生刘天义房中，与他作《后庭花》词相和。恰好翠鸾之母也投宿此店，闻女儿声又不见人，怀疑天义私藏其女，便拉他见官。赵忠此时也疑心翠鸾母女遇害，便请开封府尹包待制调查。包待制将王庆、刘天义及翠鸾之母一干人带到开封府，审问不得结果，便命刘天义回店里，向翠鸾索一信物。翠鸾将发间桃符送给刘天义，包待制见后，令手下人找出另一配对之桃符，终于查到店小二是杀害翠鸾的凶手。在这当中，因查找线索又在李顺家中井底发现其尸体，王庆也得到惩处。剧中包拯的唱词有："他们定桃符，辟邪祟，增福禄，画钟馗，知他甚娘报门神户尉。"

寿字门神　广东佛山

明代文人茅维，字孝若，曾写过一出短剧《闹门神》，意在借新年换门神的民俗，讽刺那些任期已满、不肯退休的官儿们。此剧开场，扮新门神者与扮桃符神者一同上场：

"自家是太平巷第一家新门神，明年该轮俺把门管事。只今小年夜，满巷灯火爆竹，好不热闹。桃符神，你跟咱到任去来。"

新门神扬扬得意："谁将俺画张纸装的五彩？冷面皮意气雄赳，竖剑眉阔口髼口；手擎著加官晋爵，刀斧彭排。奇哉，刚买就遍街人惊骇。尽道俺，庞儿古怪，满腹精神，倜傥胸怀。桃符神，你去瞧来，怎那旧门神见俺，只佯不睬，并不见他抬身哩。"

绵竹年画《赵公镇宅》　杨卫华 摄

踌躇满志的新门神上任来了，却不见旧门神挪动。于是，描写新门神眼里的旧门神："那戴头盔将军忒呆呆，你几年上都剥落了颜色，甚滋味全无退悔？"

旧门神出场了："俺把门管事六七年，这门内人哪个不威惧我。他是何等人物，怎便一朝思抢夺俺座头？他不见俺雪白髭须，都为数年把门辛苦……"

相持不下，新门神令桃符去请宅内的钟馗出来评判。

钟馗出来劝旧门神："小年夜，少不得新旧交替，只俺把守门内，也早晚望着替身哩。"

随后，宅内的紫姑神、灶神、门外的和合神，都劝不动旧门神。

九天监察使来此："这太平巷怎的秽气熏蒸？呀，原来是那一家旧门神作祟这方，又不肯让那新门神管事。且不究他贪位慕禄的心肠，只看他吃粮不管事，怎弄得那家门面，直恁破。"结果，旧门神被贬沙门岛。

另有《庆丰年五鬼闹钟馗》，收入《孤本元明杂剧》，作者阙名。此剧第四折，钟馗被封为“天下都判官领袖”，福、禄、寿神，土地、灶神、井神、厨神、门神、户神、三阳真君、青黄赤白黑五方小鬼，有一番同台热闹的场面。门神的台词：“俺门神户尉，职掌左右门庭，年年喜遇正旦，岁岁庆贺新正。今日太平之年，俺见三阳真君去来。”此剧主角是钟馗。

明代文人以门神为题材的杂剧中，还有一出与尉迟恭作门神的故事，见明人《南极登仙》杂剧。描写唐太宗贞观年间，终南山名医孙思邈，治愈皇后难产之症，生下皇子。太宗封他“药中为王”，二月二日成圣，礼送回山。尉迟恭听罢不服，认为“人间不能有二王”，请旨追赶。尉迟恭见孙思邈后，假作讨药，并告他难于成圣，约定“孙如成圣，尉迟愿输掉人头”，两人打赌而别。孙思邈在路上先医治好了一只猛虎。后来龙王有病，幻化为白衣秀才，阻住了孙思邈，被孙识破，教他现出原形，将病治好。龙王感激，指点他到风火洞中修炼，并代他扫除山洞，以报其德。孙果得道成圣，摄来尉迟恭魂魄，罚使站班。故而明代北方药王庙中，塑尉迟恭为站门之神，秦琼与之相伴。

桃花坞年画　杨卫华 摄

清代洪升《长生殿》把秦尉门神写得挺和善，有路引便放行。第三十七出，杨玉环鬼魂持着土地给的路引，来到唐宫：“呀，原来就是西宫门首了。不免进去一看。”［作欲进，二门神黑白面，金甲，执鞭、简上］［立高处介］“生前英勇安天下，死后威灵护殿门。”［举鞭、简拦旦介］“何方女鬼，不得擅入。”［旦出路引介］“奴家杨玉环，有路引在此。”［门神］“原来是杨娘娘。目今禄山被刺，庆绪奔逃，郭元帅扫清宫禁，只太上皇远在蜀中，新天子尚留灵武，因此大内寂无一人，宫门尽扃锁钥。娘娘请自进去，吾神回避。”

第五章

门神画的制作工艺与粘贴的定则

门神画的制作工艺

年画在我国有着悠久历史，刻印年画的作坊几乎遍及全国各地。门神画在各地年画作坊都有印制，所以门神画的制作非常普遍。如：在福建省有漳州、泉州、福鼎、福安；广东省有潮州、佛山；广西有南宁、桂林；浙江省有杭州、余杭；江苏省有苏州、无锡、扬州、南通、徐州、南京；安徽省有芜湖、徽州（歙县）、阜阳、宿县、临泉、亳县；湖南省有全州、隆回；湖北省有光化（老河口）、孝感、均县、黄陂；四川省有简阳、绵竹、梁平、夹江、成都；贵州省有贵阳、安顺；云南省有大理、丽江、中甸、保山、南涧；陕西省有凤翔、长安、神木、蒲城、汉中；甘肃省有天水、甘南；山西省有临汾、新绛、侯马、襄汾、河津、大同、应县；山东省有潍县、平度、高密、阳谷、聊城、泰安、曲阜；河南省有开封（朱仙镇）、卢氏、获嘉、周口、灵宝；江西省有九江、南昌；河北省有芦台（东丰台）、内丘、武强、邯郸、大名；天津有杨柳青；台湾省有台南；还有北京、上海、香港等地。

门神画的制作与民间年画的印制方法大体相同，只有几个不同地区的做法稍异。一般说来绘刻门神画原版到印刷成画需四道工序：

《五福临门》　李跃忠 摄

（1）画师起稿和定稿后，用白描法画在毛边纸或薄绵纸上。

（2）刻工将画师定稿用粉糊反粘在刨平的梨木或杜木板上，留画稿墨线剔去空白处，完成墨线版。

（3）画师将墨线印出画样，再在画样上点出颜色，刻工再按点出的不同颜色，刻制出彩色套印版，一般不超过五块。

（4）刷工将每幅年画的墨线和套色版准备齐全后，开始将纸数百张压在刷印画案的固定位置上，再把画版仰放在纸的左边，用手翻纸，蒙在涂匀颜料的画版上，右手用板刷刷画版上面的纸。如此一张一张在固定位置上，将纸刷完，然后再换另一颜色版，依样刷完纸张后，再换一版，直到全部完成一幅画后为止。

门神开脸

刷印色彩的次序是：先印墨线，次黄色，再蓝色（蓝、黄两色套印呈绿色）、紫、橙、大红，有的最后套印金粉。这样印制年画的方法在全国各地作坊中占大多数；只有天津杨柳青作坊印完套色版后，还要由当地画工开相（即将人物的头脸用七八道手工敷粉填红，勾眉画眼）和补空（没套印的衣饰等物），才算完活。

门神画特别注重武士头部的渲染烘托，头与身的比例一般为一比四。套色木刻中其他部位的色彩为多版一次成型，唯有其头部是最后由技艺卓群的老匠人提笔完成的。在苏州早期仕女娃娃画和山东潍县一部分画中也曾染脸开相，但较简单草率。山东高密年画中

《加官进禄门神1》

（清初） 山东曲阜

《加官进禄门神2》

（清初） 山东曲阜

年画颜料 李跃忠 摄

有一种“扑灰画”。即用炭条勾画出线稿，再将纸铺在稿上，炭色即在纸上隐约地现出轮廓，如此可铺三五张，然后如写意般地填画出色彩。最后也要敷粉点唇，画眼开相。四川绵竹的年画，只用墨线版印出轮廓，不用色版套印，全凭画工手绘。有的添补金色团花时，则用捺印法，将花样刻成图章形，最后用手捺在画面上。①

① 王树村、王海霞：《年画》，浙江人民出版社2005年版，第16～18页。

门神粘贴的定则

过去我国北方城镇民居的格局多是四合院式，新年时，门上粘贴的门神形式不一。一般说来，临街大门贴武门神（秦琼、尉迟恭等执武器者），院内屋门上则贴朝官形式的“文门官”［即复加爵、鹿（禄）、蝠（福）、喜等吉祥之物的粉面天官样］。屋中两旁内室门上所贴之画样题材形式较多。一般妇女所居，常贴美人仕女；新婚之家则贴“百年好合”、“天仙送子”或“子孙万代”之类；如生男孩之家的内室，常贴“冠带传流”、“状元及第”；老年人居室常贴“五福捧寿”、“寿比南山”等门画。

《加官门神》（清）山东曲阜

桃花坞年画《麒麟送子》 杨卫华 摄

江南民居粘贴门神的画样与北方大同小异。据潘宗鼎《金陵岁时记》载：“金陵人家大门之有门神者不多，概见唯后门贴钟馗，内室各门亦不一。其制，年老者用推车进宝、四季平安，少年则麒麟送子、五子夺魁、冠带传流等图。单扉则贴一圆形和合，名曰：一团和气。亦在摹财神仙官形象者，取意吉祥而已。”

桃花坞年画《麒麟送子》 杨卫华 摄

江南各地门神画之粘贴规例大体如此，只有南京和杭州的“缙绅之家”多不用将军贴大门。贴门神画皆在春节夜分。有以“朱纸书神荼、郁垒以代门丞，安于左右扉。或书‘钟进士’三字，斜贴后户以却鬼”（顾禄《清嘉录》）。虽无图像，取义仍与北京新年风俗同。

门神画不止于新年时贴换。在礼俗繁多的封建社会里，大凡婚娶、生子、寿诞、迁居、开市、中取、筑屋、居丧……常于前夕，贴换内容相应的门神画，以表礼俗新意：新婚之家贴《龙凤呈祥》、《麒麟送子》题材，生子之家贴《状元及第》、《冠带传流》画样，寿诞是《五福捧寿》，迁居贴《孟母三迁》，开市为《财源涌进》、《推车进宝》……图像内容不一，形式装饰性强，并有不同的故事隐喻、吉祥符瑞。

北京人贴门神，大多沿用唐太宗时传下来的秦叔宝和尉迟恭，俗称“白脸儿”、“黑脸儿”。这是二张木刻版画像，身穿甲胄，威武庄严。两张像贴在没有“门心”的大门上。二位神灵虽是北京人的“家宅六神”之一，却无偿为该家服务，北京人一般不给门神上供。

《秦琼（门神）》
（清） 福建漳州

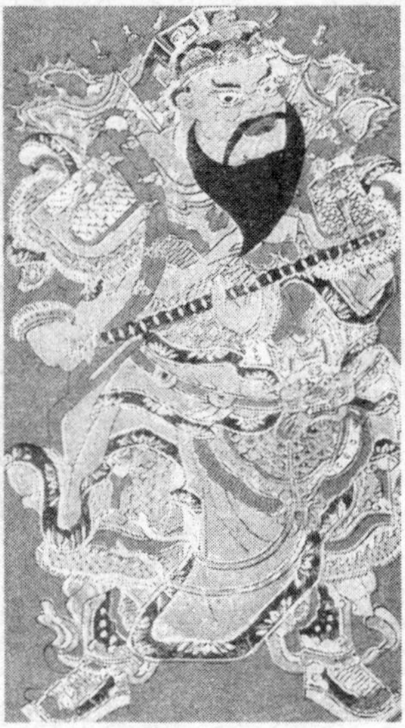

《尉迟恭（门神）》
（清） 福建漳州

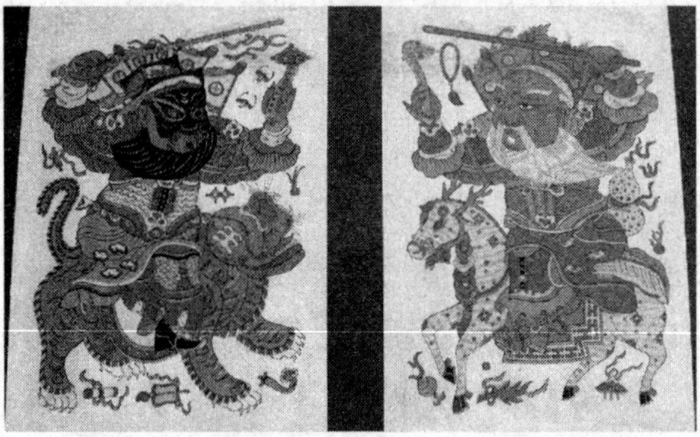

桃花坞年画《门神》 杨卫华 摄

北京的门神由于贴的地方不同，大体上分为三类。贴在车门或整扇大门上的称为“大门门神”，高约四五尺，宽约二三尺。贴在小街门上的有二尺来高，一尺来宽，称为“街门门神”。这两种是“黑脸儿”和“白脸儿”形象，都拿着槊钺，非常威武，左边贴“白脸儿”，右边贴“黑脸儿”。还有一类是“屋门门神”，也是黑白二神，并出现坐像。有的在屋门上贴《麒麟送子》以取吉利。

第六章

门神画中主要形象的特征

门神画讲究构图的均衡饱满和画面的平稳对称。在造型上追求装饰效果，线条经过删减与夸张后，达到了最大限度的概括。着色方面也很讲究提炼的功夫。四川绵竹年画在着色上就总结出了“一黑二白三金黄，五颜六色填衣裳”的口诀。一黑指黑线版，二白指人物手脸底色及靴底作白，三金黄指衣冠及道具官橙黄色，五颜六色指洋红、桃红、黄丹、佛青、品蓝、品绿等色。在强烈的对比中，也讲究适意和谐。他们常常用少量的复色金、银、黑、白、灰等线、面穿插在对比强烈的色彩中间，以协调画面色调。既适应了民间求喜庆、逐吉祥的欣赏习惯，又富有装饰美感。

门神画中的文官门神多是封建时代朝臣模样，白脸无须，头戴乌纱帽，身披朝服，手执笏板。昭示了民众功名利禄方面的要求。赐福门神的身边常有拿着各种吉祥器物的童子，与多子多福、益寿延年有关。民间画师总结出画武门神画诀为“将军盔，满髯脸，护肩包肚，袍色玄，虎皮高靴手执鞭”；而画鬼怪形象则要“头如斗，火盆口，铃铛眼，核桃脸，锯齿棱牙戴耳环，袒胸露腹衣不全”；画人物要有“四气”，即“威风杀气是武官，舒展大气是文官，窈窕秀气是少女，活泼稚气是童顽”。作为民俗美术的重要组成部分，不同的门神形象也有不同的艺术特色和民俗寓意。

绵竹年画
《三星高照》 杨卫华 摄

绵竹年画《报口状元》
陈刚 杨卫华 摄

神荼、郁垒的形象

汉代以后，人们在门上画神荼、郁垒来驱鬼避邪。左扇门上叫神荼，右扇门上叫郁垒。连鬼都害怕神荼、郁垒，不难想象他们的形象应当是威风凛凛的。但从留存至今的作品来看，各地都没有固定的神荼、郁垒画像。神荼、郁垒的早期造型，汉代画像石留下了图案。当初的神荼、郁垒相貌怪异，表情凶狠，手执斧钺，似乎更接近于神话的风格。人物造型圆目瘦面，双耳竖立，头生一角，长衣束腰，专家认为应为神荼、郁垒的早期画像。

《三教源流搜神大全》中有一幅图，画中即有二神的肖像。二神位于桃树下，袒胸露乳，黑髯虬须，眉发耸立，头生两角，手执桃木剑与苇索，一副凶神恶煞的样子，难怪鬼见了都害怕。

从河南密县出土的画像石上，我们能够看到神荼、郁垒的图像。

门神《神荼》（清）福建漳州　　门神《郁垒》（清）福建漳州

至于更早的那些被画在桃木板上的，现在很难见到了。随着木板印刷术的发展，神荼、郁垒成为木版年画的主要题材，至宋代已演变为镇殿将军模样。几乎各年画产地都有神荼、郁垒门神画。其中杨家埠年画神荼、郁垒图为顶盔贯甲，威风凛凛的将军，左右各一张成对，基本对称；画面上两个将军全是手执大锤，按型号大小，俗称大锤将与小锤将。

秦琼与尉迟敬德的形象

《西游记》一书中，描述了秦琼、尉迟恭的形象，这对后世所画的门神秦琼与尉迟敬德形象产生了较大影响。

门神中，秦琼与尉迟敬德是民间最流行的门神，也是样式最多的门神。东北黑龙江的双城 1926 年印行的县志记载：“俗谓为秦琼、敬德，有分绘其像于两门上者……过年时家家购画像分贴之两门上，白面者为秦琼，黑面者为敬德，皆御盔甲、执武器，若守门者然。

门神《尉迟恭　秦叔宝》　（清）　潍县

谓妖魔见之，则却走不敢入门云。”

几乎各个年画产地都有尉迟恭秦叔宝门神画。秦琼与尉迟恭门神形象的特点为：门神像左为秦琼，右为尉迟恭。因为根据传说，秦琼的武艺和资历都在尉迟恭之上，而且，秦琼还帮助李世民降服过尉迟恭。秦琼为白脸，留五绺须，尉迟恭为红脸、蓄连鬓须；若秦琼为红脸，则尉迟恭为青脸；二人所持武器为：秦琼握锏，尉迟恭持鞭，因此，往往称为鞭锏门神。有时也拿其他武器。

如从二位门神画像上的身姿和行头分类，其图像特征可归纳为以下几种：

立式鞭锏门神

立式鞭锏门神与立式执锤门神不同。画面上，秦琼双手舞锏。锏是一种兵器，形与双鞭略同，但锏身无节，端无尖，体呈棱形，四面向内凹陷。而尉迟恭则使鞭。鞭有两种，一名竹节钢鞭，形如竹节；一种叫水磨钢鞭，有十三个方形疙瘩，鞭柄和鞭头皆可握，能两头使用。

他们佩剑挂弓，身姿的造型多为S形：一手高举鞭锏过盔顶，一手位于腰部，这主要是受到京剧武生一招一式的亮相造型的影响。

除了步式还有骑式造型。骑姿手势上两位老将多为双手持鞭锏，也有一手执鞭锏，一手握着如意、莲蓬之类的吉祥之物的。

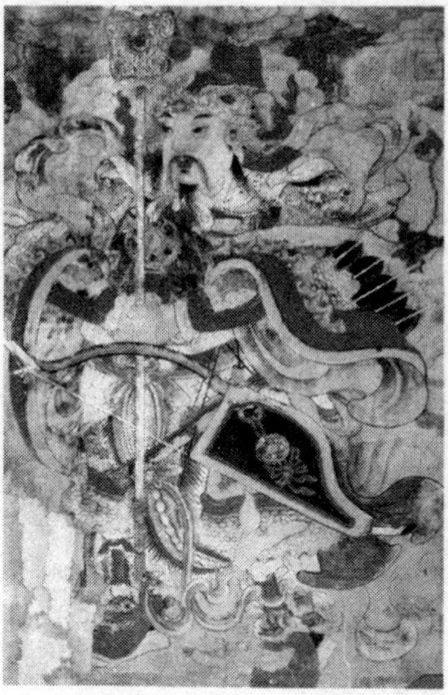

《秦叔宝（门神）》　明　北京　　《尉迟恭（门神）》　明　北京

《秦琼》　陕西凤翔　　《尉迟恭》　陕西凤翔

坐式祈福门神

为了迎合百姓的世俗需要，一部分武将门神由辟邪逐步变为以祈福为目的的“祈福门神”，多为正面端坐式。武将祈福门神一般为一手执钺（古代兵器，形状像板斧而较大），另一手执鞭锏（也有一手执如意等宝物，或双手执钺）。他们仪态安详，失去勇猛无畏的武将门神的固有态势，而是一副福禄财神降临人间的模样。人物也

写意门神《秦叔宝》
（清初） 天津杨柳青

从单纯的一扇门上只绘一将，改为以叔宝、敬德为主，多人组合的“五子登科”、“和合二仙”、“仙童献瑞”等等群体形象，使得昔日豪雄的武将门神也透出温和乖巧的可爱一面，体现了民间百姓的审美价值取向，符合世俗加官进禄、得利进财的祈福愿望。

立式金瓜门神

立式金瓜门神多作镇殿将军样貌，用舞台戏曲描绘人物脸谱，同为七分或八分面相（指中国画面像侧姿程度，如正面像称做十分面）。画中二位武将白面凤眼英目、长须剑眉的为叔宝，紫脸环眼暴目、虬须浓眉的为敬德，在相貌上形成了鲜明的对比。衣着上有披袍式和贯甲式两种。如敬德全副金镀铜甲装，顶盔贯甲，束带皂靴，外披袍带，佩弓挂袋，双手执金瓜（古代兵器，即长杆锤，多数图中为立瓜锤，锤头如瓜形立于杆端），着色五彩斑澜，胄甲、金瓜等一般皆沥粉贴金。

写意门神《尉迟恭》
（清初）　天津杨柳青

为何绘于坛庙建筑大门上的彩绘门神多为立式执锤门神呢？这与中国巫傩祭祀有关。古代在举行巫傩仪式时，巫傩总要挥舞大椎，即驱鬼之桃木棒，“盖古人以椎逐鬼，若大傩之为耳”，作为驱逐、击杀恶鬼的利器，于是椎（锤）也就成了辟邪驱鬼的仪仗符号。所以，有些门神画中长杆锤金瓜已经逐渐失去其原始兵器的功能，而成为名副其实的驱邪仪仗，彩绘时瓜身部分也极尽装饰之能事，坠珠系缨，繁缛之极。

从年画中可以看到，作为门神的敬德、叔宝造型魁壮、饱满而富有内在的力度，色彩华艳明快，对比强烈，刻线流畅生动，加上铠甲、靠旗、头饰、鞭锏和宝刀，整个构图给人以顶天立地之感。人物神态豪放而和蔼，体现了人们对这二位神灵的崇敬与信赖，也使年节增添了祥和的气氛。[①]

赵公明与燃灯道人的形象

门神中的赵公明与燃灯道人的形象大多根据《封神演义》故事中所描写的二人形象创造：燃灯道人骑鹿，两手分别持如意、乾坤尺；赵公明骑虎，一手举钢鞭，一手托翘宝。燃灯道人头上双凤戏日，赵公明头上双凤戏月，他二人斗法时所用定海珠、金蛟剪也表现在门神画上。具体来说，燃灯道人的形象来自《封神演义》第四十五回“燃灯议破十绝阵”。谈到燃灯道人的形象：

话说众人正议破阵主将，彼此推让，只见空中来了一位道人，跨鹿乘云，香风袭袭。怎见得他相貌稀奇，形容古怪？真是仙人班首，佛祖源流。有诗为证：

一天瑞彩光摇曳，五色祥云飞不彻。
鹿鸣空内九皋声，紫芝色秀千层叶。
中间现出真人相，古怪容貌原自别。
神舞虹霓透汉霄，腰悬宝录无生灭。
灵鹫山下号燃灯，时赴蟠桃添寿域。

燃灯道人门神的造型经过不断创造和加工，夸张而富有装饰性。大多头戴光灿金盔，身披铠甲，髯髯白须，豹头环眼怒相，气势轩然，再配强烈灿烂的色调，烘托出节日的欢乐气氛。

《封神演义》中描绘的赵公明形象为：

只见杏黄旗招展，黑虎上坐一道人。怎见得：
天地玄黄修道德，洪荒宇宙炼元神。
虎龙啸聚风云鼎，乌兔周旋卯酉晨。
五遁三除闲戏耍，移山倒海等闲论。

---

① 沈泓：《门上春秋》，122 ~ 123 页，北京，中国工人出版社，2007 年版。

掌上曾安天地诀，一双草履任游巡。

五气朝元真罕事，三花聚顶自长春。

峨嵋山下声名远，得到罗浮有几人。

民间所供赵公明财神像皆黑面浓须，顶盔披甲，持宝擎鞭。但不跨虎，以区别作为四大天将之一的赵公明。赵公明画像周围，常画有招财童子、聚宝盆、大元宝和珍珠、珊瑚之类，以显示财源茂盛。

桃花坞年画《赵公明》　杨卫华 摄

桃花坞年画《燃灯道人》　杨卫华 摄

关公的形象

历代封建统治阶级为了巩固自己的统治地位，把关羽当做“忠义”的化身，关羽的地位被抬得越来越高，“由侯而王”、“旋而进帝”，最后被尊为“武圣人”。陈、隋间，佛教信众假托关羽显灵，在当阳首建关庙。唐建中三年（782 年），关羽被列为古今六十四名将之一，放进武庙，配享姜太公。宋代以后，关羽便被戴上“武圣”的桂冠。元文宗封关羽为“壮缪义勇武安显灵英济王”，明神宗封之为“三界伏魔大帝神威远震天尊关圣帝君”，又把关羽庙升格为“武庙”，与文庙——孔庙并列。清代皇帝标榜关羽为“万世人极”，封之为“忠义神武仁勇威显护国保民精诚绥靖翊赞宣德关圣大帝”（《清史稿·礼乐志》），在北京修建了关帝庙，还通令全国，普建关庙，按时奉祀香火。武圣关公庙数量之多，远远超过了文圣孔庙。

关　公

在中国戏剧发展的历史过程中，曾经出现过“三国戏”热，许多著名的剧种都有相当数量的“三国戏”和“关公戏”。以京剧为例，148 出“三国戏”单独写关公的戏就有 20 出。在舞台上，关公的形象都是完美的英雄，面如重枣，长髯飘拂，威武而有气概。

千百年来，经过历代统治者的封谥，以及戏曲、文学的演义描述，一个“对国以忠、待人以仁、处事以智、交友以义、作战以勇”，代表着中华民族传统美德的完美的关公形象出现在世人面前。他由“万世人杰”上升到“神中之神”，成为战神、财神、文神、农神，是全方位的万能之神，为历代统治者和百姓万民，华夏神州与东瀛海外，中外同奉，上下共仰。

历代封建统治者尊崇关羽自不必说，就是李自成、张献忠、洪秀全等农民起义领袖，也把关羽奉为膜拜的英雄。

不仅如此，除了在华夏大地，在日本、东南亚以及海外华侨中，对关羽的膜拜之风也历久不衰。

在拥有两千余万人口的台湾，关公信众多达八百万众，几乎各家各户都为关公设香案，立牌位，挂圣像。台湾的关公画像年销售量，远远超过了他们最崇奉的妈祖。

美国的“龙岗总会”是一个以拜关公为祖的民间组织，各地分会有 140 多个，遍布华人居住的世界各地。

东南亚各国竞相立庙拜求关公，最盛者当数泰国。

在日本，早在清代就有关帝庙。

关公（彩色剪纸） 河北蔚县

关公门神形象来源于小说、戏剧中关公形象的塑造，陈寿在《三国志·关羽传》中称其“美须髯”。而在明初罗贯中著《三国演义》中，关羽的形象为：“丹凤眼，卧蚕眉，面如重枣，身长九尺五寸，髯长一尺八寸。”在京剧中，其脸谱为揉红脸，表示忠勇，勾丹凤眼，双眼俊秀。加上关羽有“美髯公”之称，所以都会加上演关羽时专用的大髯口，称为“五绺”或“关公髯”；手执青龙偃月刀和红马鞭，头戴专有的绿色盔头，缀黄绒球配后兜，两耳垂白飘带和黄丝穗，着绿蟒。而后人为表示对关羽的尊敬，所以会特意在面谱上加一黑点或加一条金线，称做“破脸”，代表不敢完全模仿他。而且关公亮相姿势就有 48 种之多，称为“关公 48 图”。门神关羽以美髯、蚕眉、凤眼为特色。

钟馗的形象

有记载称唐代的画圣吴道子是第一位擅长钟馗画的大师，虽然他的钟馗像画作现已失传，但北宋时还有人在皇宫里见到过。北宋鉴赏家郭若虚，详尽描述他所见吴道子的钟馗像真迹。郭若虚在

《图画见闻志》卷六《近事》中写道："昔吴道子画钟馗，衣蓝衫，鞹一足，眇一目，腰笏，巾首而蓬发，以左手捉鬼，以右手抉其鬼目。笔迹遒劲，实绘事之绝格也。"文中描述的形象钟馗是一个身着破烂的衣衫，腰带上别着笏，头上扎着头巾，虬须满面，面目丑陋的读书人。1900年，敦煌一位王姓道长偶然发现在唐代写本经文当中，有一篇提到钟馗，篇名为《除夕钟馗驱傩文》。文章大意说，在一种叫做"傩"的仪式中，钟馗是钢头银额，身披豹皮，用朱砂染遍全身；带领十万丛林怪兽，四处捉取流浪江湖的孤魂野鬼。

绵竹年画《永镇家宅》博物馆藏 杨卫华 摄

桃花坞年画《钟馗》杨卫华 摄

明清以来钟馗画祈求赐福成分增加。明朝成化皇帝所作的《岁朝佳兆图》，钟馗捧着如意，带领小鬼匆匆赶路。小鬼手中托盘里盛满柏叶、柿子，上空有蝙蝠，寓意百事（柏柿）如意，福自天来。

杨柳青钟馗门神画，是典型的"武判"样式，钟馗挥舞宝剑做出种种威武姿态，四周衬满流云、八宝、双喜等图案，活泼中带有吉祥寓意。

苏州桃花坞门神中有风度潇洒的骑驴钟馗，侍从小鬼撑破伞相随，他手执牙笏目视前方空中飞舞的蝙蝠或吊系的蜘蛛，象征"福自天来"、"喜从天降"，洋溢着喜庆色彩。北京更有画店别出心裁，去除钟馗手中的武器，增添了一枚超大铜钱，谓之托钱判。

老北京读判官后面加儿话音，称判官儿，或简称判儿。于是又有人把钟馗怀里的大铜钱换成了胖娃娃者，寓意“盼子得子”。

传统门神画的形象很大一部分取自文学与戏剧中的人物形象。元明清门神形象则更多地受到了戏剧装饰的感染，甲胄烘托威仪，胡须飞动飘然当风，豹头环眼，虎虎有生气。门神画借助于戏剧中的形象，普及了村村落落，走进了家家户户。

《福在眼前》　李跃忠 摄

《福在眼前》　李跃忠 摄

参考书目

1. 王树村，《中国民间门神艺术史话》，北京，百花文艺出版社，2008 年版。

2. 王树村，王海霞，《年画》，杭州，浙江人民出版社，2005。

3. 沈泓，《门上春秋》，北京，中国工人出版社，2007。

4. 王子今，《门祭与门神崇拜》，西安，陕西人民出版社，2006。

5. 张道一，《汉画故事》，重庆，重庆大学出版社，2006。

6. 陶思炎，《风俗探幽》，郑州，东南大学出版社，1995。

7. 刘枫，《门当户对》，沈阳，辽宁人民出版社，2006。

8. 钟敬文主编，《中国民俗史》，北京，人民出版社，2008。

9. 陈保良、王熹，《中国风俗通史》明代卷，上海，上海文艺出版社，2005。

10. 宗力、刘群，《中国民间诸神》，石家庄，河北人民出版社，1986。

11. 马书田，《华夏诸神》，北京，北京燕山出版社，1990。

12. 马银文编著，《中华民俗艺术大全》，北京，中国三峡出版社，2006。

13. 马书田，《图说中国三百神》，上海，上海三联书店，2007。

14. 介子平，《消失的民艺——年画》，太原，山西古籍出版社，

2004。

15. 龚弘，《隋唐人物》，济南齐鲁书社出版，2005。

16. 龚弘，《两宋人物》，济南齐鲁书社出版，2005。

17. 蔡向升、杜雪梅，《杨家将研究》，北京，人民出版社，2007。

18. 朱青生，《将军门神起源研究》，北京，北京大学出版社，1998。